Orchideen

einfach & exotisch

> Autor: **Frank Röllke** | Fotografen: **Guido Sachse und andere bekannte**
Gartenfotografen | Illustratorin: **Heidi Janiček**

Inhalt

Orchideenpraxis
Das 5-Stufen-Erfolgsprogramm

>> einfach & exotisch

2 Kultivieren

Orchideen sind nicht kapriziös. Am richtigen Platz in der Wohnung erweisen sie sich als unkomplizierte Zimmerpflanzen.

1 Auswählen

Wenn Sie die Vorlieben der Orchideen kennen und die richtigen auswählen, können Sie das ganze Jahr über Freude an ihren vielfältigen Blüten haben.

3 Pflegen

Geeignetes Substrat und Maßhalten beim Gießen und Düngen garantieren eine erfolgreiche Orchideenpflege.

Orchideenpraxis

Orchideen sind anders

Wer das Besondere liebt, für den sind Orchideen ideale Zimmerpflanzen: Sie blühen fast das ganze Jahr und bringen exotisches Flair ins Haus. Orchideen faszinieren durch ihre Blüten und ihre Lebensweise: Sie wachsen am Boden oder auf Bäumen. Manche nehmen mit den Wurzeln Wasser und Nährstoffe sogar aus der Luftfeuchtigkeit auf.

> Bei Frauenschuh-Orchideen ist die Lippe wie ein Schuh geformt.

Einzigartige Blüten

Einige Orchideenblüten sind groß und bunt gefärbt, andere raffiniert geformt und wieder andere ahmen das Aussehen von Insekten nach, um diese zur Bestäubung anzulocken. Von den übrigen Blütenpflanzen unterscheiden sie sich durch folgende Merkmale:

➤ Sie besitzen nur eine Symmetrieachse, durch die sie in zwei spiegelgleiche Hälften geteilt werden.

➤ Die Blüte besteht aus zwei Kreisen mit je drei Blütenblättern: Die äußeren Blütenblätter heißen Sepalen, die inneren Petalen.

➤ Das mittlere äußere Blütenblatt nennt man Fahne, das mittlere der inneren Blütenblätter ist zur Lippe umgebildet. Sie ist trichter- oder röhrenförmig, manchmal auch flach und meist bunt. Mit ihr locken die Pflanzen am Naturstandort Insekten oder Vögel zur Bestäubung an. Bei den Frauenschuh-Orchideen ist diese Lippe zu dem typischen »Schuh« geformt, bei anderen ist sie zu einem Sporn verlängert.

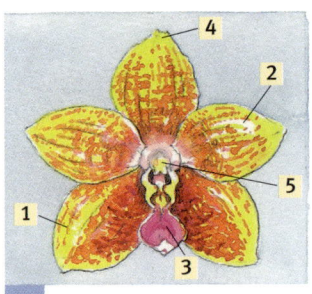

> Blütenaufbau: Sepalen (1), Petalen (2), Lippe (3), Fahne (4) und Säule (5)

➤ Die weiblichen und männlichen Fortpflanzungsorgane – Stempel und Staubblatt – sind zu einer Säule und die Pollen zu einer festen Masse (Pollinen) verwachsen.

Wuchsform, Blätter und Wurzeln

Es gibt Orchideen mit einsprossigem und mit mehrsprossigem Wuchs. Sie heißen monopodiale bzw. sympodiale Orchideen.

➤ Monopodiale Orchideen besitzen meist nur einen schlank in die Höhe wachsenden Trieb, wie z. B. *Aerangis*, *Angraecum*, *Phalaenopsis* und *Vanda*. Sie bilden regelmäßig im Zentrum neue, junge Blät-

ter. Die alten Blätter werden nach und nach gelb und sterben ab. Bei den meisten *Phalaenopsis*-Orchideen bleibt die Anzahl der Blätter immer gleich, d. h., es werden selten mehr Blätter gebildet. Es sollten aber auch nie weniger sein – denn das bedeutet, dass die Pflanze nicht richtig gepflegt wird.

➤ Sympodiale Orchideen entwickeln am Ende des kriechenden oder kletternden Wurzelstocks jedes Jahr einen oder mehrere neue Triebe. Oft bleiben die alten Triebe erhalten, so dass die Pflanzen fast buschig wirken und auch mehrere Blütenrispen bilden. Zu den sympodialen Orchideen gehören z. B. die Gattungen *Cattleya, Miltonia* und *Odontoglossum*.

➤ Sympodiale Orchideen besitzen knollig verdickte Sprossteile, die so genannten Bulben oder Pseudobulben. In ihnen speichern die Orchideen Wasser und Nährstoffe für Trockenzeiten. Solche Orchideen brauchen meist eine Ruhephase, um blühen zu können.

➤ Orchideenwurzeln sind von einer fleischigen Schicht, dem Velamen, umgeben, mit der sie Wasser schnell aufsau-

> *Die Wuchsform von Orchideen ist einsprossig oder mehrsprossig.*

gen, speichern und später an die eigentlichen Wurzeln im Inneren abgeben können. Es ist für die Orchideen besonders wichtig, die am Naturstandort nicht im Boden wurzeln, sondern mit Hilfe ihrer Luftwurzeln als Aufsitzerpflanzen (Epiphyten) auf Bäumen siedeln. Übrigens: Sobald man Aufsitzer-Orchideen im Topf kultiviert (→ Seite 12/13), verwandeln sich die Luftwurzeln wieder in Bodenwurzeln. ■

PRAXISINFO

Die bekanntesten Orchideen

Besonders beliebt und leicht zu halten sind (→ Seite 40):

✗ *Cattleya:* große Einzelblüten

✗ *Dendrobium:* sehr vielfältige und exotische Blütenformen

✗ *Odontoglossum:* Blüten in klaren Farben, schön gezeichnet

✗ *Paphiopedilum:* typische Frauenschuh-Blüten

✗ *Phalaenopsis:* Blüten in vielen Farben und Mustern

✗ Eine »Nutzorchidee« ist die Vanille *(Vanilla planifolia)*. Auch sie kann als Zimmerpflanze gehalten werden.

Was Orchideen brauchen

Die exotischen Schönheiten sind gar nicht kapriziös. Kennt man ihre Grundbedürfnisse, kann man sich die geeigneten aussuchen. Orchideen stammen meist aus den feuchtwarmen Regenwäldern Südamerikas, Afrikas und Südostasiens: Dort findet

> *Zygopetalum Artur Elle ist eine der wenigen Orchideen, die duftet.*

man sie von der Küste bis in kühle Bergregionen in 5000 m Höhe. Unter den etwa 30 000 Arten und ca. 150 000 Züchtungen gibt es für fast jeden Platz im Haus viele pflegeleichte Orchideen.

➤ So genannte terrestrische Orchideen wachsen am Naturstandort in der Erde. Ihre Wurzeln sind an ein Leben im Boden angepasst; sie haben immer genug Wasser und Nährstoff zur Verfügung und verkraften z. B. Trockenzeiten weniger gut.
➤ Die meisten tropischen Orchideen leben in der Natur jedoch epiphytisch (→ Seite 6). Der Standort oben auf den Bäumen hat einen großen Vorteil: Die Orchideen bekommen mehr Licht. Der Nachteil: Wasser und Nährstoffe sind knapp. Dennoch entziehen Orchideen ihren Trägerpflanzen keine Nährstoffe und kein

Wasser, sie sind also keine Schmarotzerpflanzen. Stattdessen nehmen sie mit Hilfe ihrer Wurzeln kondensiertes Wasser und Nährstoffe auf. Epiphytische Orchideen können Trockenzeiten besser überdauern, meist brauchen sie nach der Blüte eine Ruhephase (→ Seite 27).

Licht und Feuchtigkeit

Als Pflanzen tropischer Wälder sind Orchideen an Licht und frische Luft gewöhnt. In ihrer Heimat bekommen sie rund zwölf Stunden Licht pro Tag. Grelle, intensive Sonne vertragen sie jedoch nicht, da sie in der Natur im Schatten anderer Pflanzen leben.

TIPP

Nachtabsenkung messen

>> einfach und exotisch

Wer kontrollieren will, ob die Temperatur in der Nacht niedrig genug ist, kann dies mit einem Minimum-Maximum-Thermometer tun:

➤ Ein solches Thermometer zeigt die höchste Tages- und die niedrigste Nachttemperatur an. Um exakte Werte zu erhalten, sollten Sie es ganz in der Nähe Ihrer Orchideen aufhängen – denn die Temperatur kann an den verschiedenen Plätzen eines Raumes sehr unterschiedlich sein.

➤ Im Haus gedeihen Orchideen am besten, wenn sie vor direkter Sonne geschützt sind und es gleichzeitig lange hell ist. Reicht das Tageslicht nicht aus oder ist der Standort zu sonnig, können Sie mit Zusatzleuchten bzw. Schattierungen die Lebensbedingungen verbessern (→ Seite 14).

➤ Optimal ist für Orchideen eine Luftfeuchte von 50–70 %. Orchideen, die im Topf wachsen, brauchen weniger Feuchtigkeit als epiphytisch kultivierte Pflanzen. Ist der Wert zu niedrig, lässt sich die Luftfeuchtigkeit mit einfachen Mitteln erhöhen (→ Seite 14). Das ist auch für den Menschen von Vorteil.

> Solange sie blühen, dürfen auch kühl und temperiert kultivierte Orchideen ins warme Zimmer.

Die Nachtabsenkung

Die meisten Orchideen vertragen tagsüber Zimmertemperatur, also etwa 20 °C oder mehr. Damit sie gut gedeihen, brauchen sie jedoch alle einen kühleren »Schlafplatz«. Fehlt diese **Nachtabsenkung** (→ Tipp), wachsen viele Orchideen zu stark und blühen kaum noch. Einige Nächte oder eine Woche können sie aber auch wärmer stehen. Je nach Temperaturbedürfnis in der Nacht teilt man Orchideen in drei Gruppen ein:

➤ Wärme liebende Orchideen müssen nachts bei mindestens 16–17 °C stehen. Die optimale Differenz zwischen Tag und Nacht beträgt 4 °C, viel größere Schwankungen mögen sie nicht.

➤ Die meisten Orchideen gedeihen im temperierten Bereich und brauchen nachts 13–14 °C. Die Nachttemperatur sollte nie unter 12 °C sinken und es sollte mindestens 6 °C kühler sein als am Tag.

➤ Orchideen aus kühlen Regionen halten Temperaturen von knapp unter 10 °C, ja sogar bis 8 °C aus. Auch sie wollen nachts mindestens 6 °C kühler stehen als am Tag.

➤ An frischer Luft kultivierte Orchideen vertragen kühlere Temperaturen deutlich besser. Orchideen, die es kühl oder temperiert mögen, vertragen im Sommer dann sogar Temperaturen bis zu 5 °C, solange Blüten und Blätter nicht nass sind. ■

PRAXISINFO

Pflegeleichte Sorten

Besonders unkompliziert sind Orchideen aus dem warmen und temperierten Bereich:

✗ *Cattleya intermedia* Typ Orlata

✗ *Dendrobium kingianum*

✗ *Laeliocattleya* Ronja

✗ *Odontioda* Lavender Lace x Aviewood

✗ *Oncidium* Aloha Iwanaga

✗ *Paphiopedilum* Actaeus

✗ *Phalaenopsis equestris*

✗ *Phalaenopsis* Taipei Gold

Tipps zum Orchideenkauf

Ihre Schönheit verleitet zu Spontankäufen. Doch mit etwas Überlegung vermeiden Sie Fehlkäufe und wählen nur gesunde Orchideen aus.
Orchideen gibt es heute in jedem Blumenshop. Ausgefallene Arten bieten Spezial-Gärtnereien. Dort kann man meist auch per Katalog oder Internet bestellen (→ Seite 61).

> *Für Liebhaber ausgefallener Orchideen ist Bulbophyllum ein guter Kauf.*

Die richtige Wahl

Klären Sie folgende Punkte rechtzeitig, dann können Sie sich beim Kauf Ihrer Orchidee genau beraten lassen.
➤ Haben Sie für Ihre neue Orchidee einen hellen Platz ohne direkte Sonne?
➤ Wird die Pflanze in einem warmen Wohnraum stehen oder in einem kühlen, meist unbeheizten Zimmer? Suchen Sie nur Orchideen aus, die für den jeweiligen Temperaturbereich geeignet sind.
➤ Wollen Sie die Orchidee einfach im Topf halten? Wenn Sie sie im Körbchen oder aufgebunden in Blockkultur pflegen möchten (→ Seite 13), brauchen Sie einen Platz, an dem Sie die Pflanze aufhängen können und herabtropfendes Gießwasser keinen Schaden anrichtet.

Gesundheitscheck

Anhand der folgenden Kriterien erkennen Sie, ob eine Orchidee von einwandfreier Qualität ist:
➤ Die Blätter müssen grün und straff sein. Zu lange und kräftige Blätter weisen darauf hin, dass die Orchidee sehr schnell hochgezogen wurde; solche Pflanzen sind oft schlecht bewurzelt. Kleine Flecken oder Schönheitsfehler auf den Blättern stören dagegen nicht.
➤ Bei mehrsprossigen (sympodialen) Orchideen sollte der neue Trieb, bei einsprossigen (monopodialen) das neue Blatt ungefähr genauso groß sein wie der vorjährige Trieb bzw. das letzte Blatt.
➤ Wurzeln dürfen ruhig auch über den Topfrand ragen. Überprüfen Sie, ob die Pflanze auch im Topf gut verwurzelt ist.
➤ Der Topf sollte weder im Wasser noch auf Bewässerungsmatten stehen. Die Pflanze steht dort zu feucht und wird dadurch anfällig für Krankheiten.
➤ Kaufen Sie keine Orchideen, die im Laden in Zugluft oder im Freien stehen. Sie werfen oft zu Hause alle Knospen ab oder werden krank.
➤ Orchideen sollten nicht in Plastik verpackt sein: Sie bekommen sonst leicht Pilzkrankheiten.

TIPP

>> einfach
und exotisch

Richtig transportieren

➤ Verpacken Sie bei kalter Witterung die Pflanze gut mit einigen Lagen Zeitungspapier, um sie beim Transport vor einem Kälteschock zu bewahren.

➤ Stellen Sie die Orchidee im Auto bei Kälte besser auf den Nebensitz als in den kalten Kofferraum.

➤ Im Sommer dürfen Sie Orchideen auf keinen Fall längere Zeit im Auto in der prallen Sonne liegen lassen, sie erleiden sonst sehr leicht Hitzeschäden.

> *Miltonia Red Tide mit ihrer stiefmütterchenähnlichen Blüte zählt neben Phalaenopsis zu den beliebtesten Orchideen.*

Wichtig: der Name

Achten Sie beim Kauf darauf, dass die Pflanze ein Etikett mit dem botanischen Namen trägt. Bewahren Sie es auf, damit Sie in Büchern nachsehen können, wie Sie Ihre Orchidee pflegen müssen. Orchideen tragen meist nur botanische Namen, deutsche Namen existieren nur selten.

➤ Die Namen wilder Orchideen bestehen aus zwei Teilen: dem großgeschriebenen Gattungsnamen und dem kleingeschriebenen Artnamen, z. B. *Cattleya labiata*.

➤ Sind Orchideen aus zwei Gattungen gekreuzt, bildet man den neuen Namen aus dem der Eltern: *Odontonia = Odontoglossum* x *Miltonia*.

➤ Stammt eine Orchidee von mehr als zwei Gattungen ab, gibt man ihr einen neuen Namen mit der Endung -ara, z. B. *Vuylstekeara*. Solche Orchideen tragen auch noch einen Kreuzungs-Namen, z. B. *Vuylstekeara* Cambria, und einen Sortennamen. Er wird durch Anführungszeichen gekennzeichnet, z. B. *Vuylstekeara* Cambria 'Plush'. ■

CHECKLISTE

Beim Kauf beachten

✔ Soll Ihre neue Orchidee für einen warmen oder einen kühlen Standort geeignet sein?

✔ Wie möchten Sie die Orchidee kultivieren: im Topf, im Körbchen oder in Blockkultur?

✔ Haben Sie einen hellen Platz für die Orchidee ohne direkte Sonneneinstrahlung?

✔ Soll es eine schlanke, zierliche Pflanze sein oder haben Sie Platz für eine Orchidee, die ausladend und buschig wächst?

✔ Prüfen Sie vor dem Kauf, ob die Orchidee gesund ist.

Die Kulturarten

Viele Orchideen wachsen heute problemlos im Topf. Noch attraktiver wirken manche Arten, wenn man sie epiphytisch kultiviert.

Am einfachsten ist es, Orchideen in einen Topf zu pflanzen wie andere Zimmerpflanzen auch. Man kann sie aber auch auf Holz aufbinden oder in ein Körbchen pflanzen.

Praktisch: Topfkultur

Meist werden Orchideen in gewöhnlichen Blumentöpfen gehalten. Diese so genannte Topfkultur hat einen Vorteil: Die Wurzeln trocknen kaum aus, weil sie dauernd vom feuchten Substrat umgeben sind. So überleben Orchideen in der meist trockenen Zimmerluft am besten. Arten, die auch in der Natur in der Erde wurzeln wie *Paphiopedilum* (Frauenschuh) oder *Cymbidium*, gedeihen in Topfkultur sogar besser.

Töpfe gibt es aus Ton oder Kunststoff. Meist bevorzugt man heute Plastiktöpfe:
➤ Tontöpfe sehen schöner aus. Aber sie verjüngen sich und lassen den Wurzeln weniger Platz. Außerdem haften die Wurzeln stärker an Ton und sind beim Umtopfen kaum zu entfernen. Plastiktöpfe, vor allem zylindrische Containertöpfe, lassen den Wurzeln mehr Raum.
➤ Tontöpfe haben meist nur ein Abzugsloch und schließen direkt mit der Unterlage ab – die Gefahr von Staunässe ist groß. Plastiktöpfe haben mehrere Abzuglöcher und stehen auf 5 mm hohen Füßchen. Überschüssiges Gießwasser läuft gut ab.

Übertöpfe sollten im Durchmesser mindestens einen Fingerbreit größer sein als der Plastik- oder Tontopf. So ge-

1 Topfkultur

Fast alle Orchideen lassen sich im Topf halten. In durchsichtigen Kulturtöpfen kann man besonders gut erkennen, wie feucht das Substrat ist.

2 Korbkultur

Sie ist besonders für Pflanzen mit hängenden Blütenrispen geeignet sowie für Orchideen, deren Substrat gut durchtrocknen muss.

3 Blockkultur

Orchideen in Blockkultur brauchen viel Luftfeuchtigkeit. Diese Kulturform bietet sich v. a. für Vitrine, Gewächshaus oder Orchideenfenster an.

> *Epiphyten kommen mit nur wenig Wasser und Nährstoffen aus.*

langt genug Luft an die Wurzeln und das Substrat trocknet leicht ab. Füllen Sie in den Übertopf unten eine Schicht Kieselsteine, damit die Pflanzen nach dem Gießen nicht im Wasser stehen.

In Ampeltöpfen wirken Orchideen mit hängenden Rispen besonders gut. Da im Untersetzer dieser Töpfe das Gießwasser aufgefangen wird, muss man diese Orchideen seltener gießen. Füllen Sie beim Einpflanzen eine Drainageschicht (→ Seite 23) ein, um Staunässe zu vermeiden. Am ehesten eignen sich Ampeltöpfe für große Pflanzen mit mehr Wurzelmasse, da sie mehr Wasser verbrauchen.

Typisch: Blockkultur

Bei der Blockkultur bindet man die Orchideen auf Holz- oder Korkstücke auf. Sie wurzeln also nicht in der Erde. Sie eignet sich für Orchideenfenster (→ Seite 15), eine Vitrine oder einen Wintergarten (→ Seite 16) mit konstant hoher Luftfeuchtigkeit.

➤ Als **Unterlage** (Block) verwenden Sie Rinden oder Stücke aus hartem Holz wie z.B. Obstbaumholz, Korkeiche oder halbe Kokosschalen. Harzige Hölzer (einheimische Nadelhölzer) sind ungeeignet.

➤ Zum **Aufbinden** nehmen Sie dünnen Bindedraht. Auch ein Stück Nylonstrumpf eignet sich, da das elastische Material die Pflanze nicht einschnürt. Legen Sie etwas Moos um den Wurzelhals, damit die jungen Wurzelspitzen beim Austreiben nicht vertrocknen.

➤ Zum **Aufhängen** im Blumenfenster oder Wintergarten befestigt man ein Stück Draht an der Unterlage, das zum Haken umgebogen wird.

Dekorativ: Korbkultur

Bei der Korbkultur pflanzt man Orchideen in einen Korb aus Holzstäben. Auch diese Kulturart kommt der epiphytischen Lebensweise nahe. Sie eignet sich besonders für große Orchideen, weil das gleichmäßige Durchtrocknen des Substrats besser möglich ist als im Topf. Geeignet ist sie vor allem für das Blumenfenster, eine Vitrine oder den Wintergarten, weil das Gießwasser durch den Korb abläuft und tropft. Wegen der gitterartigen Konstruktion verwendet man hier sehr grobes Substrat, das nicht durch die Lücken hindurchfällt. ■

Orchideen auf der Fensterbank

Meist finden Orchideen an einem Fensterplatz ihr neues Zuhause: Dort haben sie genügend Licht und kommen besonders gut zur Geltung. Doch auch wenn Licht, Luftfeuchtigkeit oder Temperatur am Fenster für die Orchideen nicht ideal sind: Es gibt einige einfache Mittel, wie Sie den Standort verbessern können. Nur in extremen Fällen müssen Sie einen neuen Platz für die Pflanzen suchen.

➤ *Ampeltöpfe eignen sich für Orchideen mit lang herabhängenden Rispen.*

Gute Lichtverhältnisse schaffen

Nicht zu helle Südfenster, helle Nordfenster sowie Ost- und Westfenster sind für Orchideen gut geeignet. Ist der Platz zu schattig oder zu sonnig, können Sie Folgendes tun:

➤ Von März bis September reicht das Tageslicht meist aus. An dunklen Standorten und in den Wintermonaten müssen Sie jedoch für Zusatzlicht sorgen. Einfache, preiswerte Leuchtstofflampen (Tageslichtröhren/Lichtfarbe 11/860) reichen aus. Die Röhren sollten so lang sein wie die Fensterbank, damit alle Pflanzen genug Licht bekommen. Hängen Sie sie ca. 1 m über den Pflanzen im Fenster oder an der Decke auf.

➤ Wenn Bäume oder das gegenüberliegende Haus Schatten werfen oder der Fensterplatz dauernd zu dunkel ist, sollten Sie ganzjährig eine Zusatzbeleuchtung installieren.

➤ Wenn Sie die Lampe nicht nah genug an die Pflanze hängen können und der Abstand größer als 1 m ist, wählen Sie besser eine Zwillingsbeleuchtung – das sind Lampen mit zwei Leuchtstoffröhren.

➤ Sparen Sie Strom, indem Sie die Beleuchtung nur morgens und abends einschalten.

➤ Installieren Sie bei intensiver Sonneneinstrahlung eine Beschattung. Das ist meist an hellen Südost- bis Südwestfenstern in den Mittagsstunden nötig. Im Extremfall können Sie die Blätter kurze Zeit mit Seidenpapier abdecken. Praktischer ist eine halbhohe Gardine, ein Rollo oder eine Markise. Eine Reihe sonnenliebender Zimmerpflanzen sind als Schattenspender für Orchideen ebenfalls ideal.

➤ Einfacher ist es, die Orchideen im Sommer weiter in den Raum zu stellen. 1 m Entfernung vom Fenster reicht, um die Pflanzen vor den Sonnenstrahlen zu schützen.

Die Luftfeuchtigkeit erhöhen

Am besten gedeihen Orchideen bei 50–70 % Luftfeuchtigkeit. Dieser Wert wird in Räumen selten erreicht. Erhöhen Sie die Luftfeuchtigkeit mit folgenden Maßnahmen:

> *Blattpflanzen oder Gardinen schützen Orchideen vor sengender Sonne.*

➤ Hängen Sie Wasserspeicher an die Heizkörper oder stellen Sie Wasserschalen auf die Fensterbank über der Heizung. Sie können auch einen großen Untersetzer mit Wasser füllen, einen kleinen umgekehrt hineinsetzen und die Orchidee darauf stellen: So steigt die Luftfeuchtigkeit direkt an den Blättern hoch.

➤ Besprühen sollten Sie Ihre Orchideen nur, wenn die Luftfeuchtigkeit ausreichend hoch ist. Für Orchideen, die in zu trockener Luft stehen, ist das Sprühen dagegen eher ein Schock als eine Wohltat.

Die Nachtabsenkung

Vergessen Sie nie, dass Orchideen nachts kühler stehen müssen als am Tag. (→ Nachtabsenkung, Seite 9). Ohne diese Temperatur-Differenz fehlt den Orchideen der Impuls zur Blütenbildung. Meist ist das kein Problem, da moderne Heizungen nachts über den Thermostaten niedriger eingestellt sind. Ist der Raum nachts zu warm, sollten Sie für die Orchideen einen neuen Platz suchen. Am besten prüfen Sie die Nachtabsenkung mit einem Minimum-Maximum-Thermometer (→ Tipp Seite 8).

Ein Orchideenfenster

Möchten Sie Ihren Orchideen ein optimales Kleinklima bieten? Dann bauen Sie die Fensterbank zu einem Orchideenfenster um. Dabei können Sie die Fensterbank auch verbreitern und mehr Platz schaffen. Wenn Sie zur Miete wohnen, bitten Sie vorher den Hausbesitzer um Genehmigung.

➤ Bringen Sie ein breiteres Fensterbrett an, und statten Sie es mit Pflanzenschalen aus. Kleiden Sie einen Holzrahmen passender Größe mit Teichfolie aus, und legen Sie ein Drahtgitter darüber. Die Pflanzen stehen über der mit Wasser gefüllten Schale in einem Klima mit idealer Luftfeuchtigkeit.

➤ Noch besser wird das Klima, wenn Sie seitlich schmale Glasscheiben anbringen, so dass das Fenster nur noch zum Raum hin geöffnet ist. Stehen die Orchideen zu dicht, müssen Sie für Frischluft sorgen: Hierzu eignen sich die kleinen Ventilatoren aus Computergehäusen. Sie »fächeln« den Pflanzen genug Luft zu, machen aber keine Zugluft. Lassen Sie diese Ventilatoren vom Elektriker installieren. ■

Vitrine, Wintergarten, Gewächshaus

Ein Leben unter Glas ist für Orchideen ideal: Das machen die hohe Luftfeuchte und der Schatten anderer Pflanzen. Besitzen Sie eine Vitrine, einen Wintergarten oder ein Gewächshaus, sind Ihrer Lust,

> *Die Vitrine bietet mit ihrer hohen Luftfeuchtigkeit ein optimales Kleinklima.*

Orchideen zu kultivieren, keine Grenzen gesetzt: Temperatur, Luftfeuchtigkeit und Licht lassen sich leichter regulieren als im Zimmer: auch anspruchsvollere Orchideen gedeihen hier gut.

Die Orchideenvitrine

Orchideenvitrinen sind ein Schmuckstück für jede Wohnung. Allerdings gibt es sie kaum zu kaufen. Sie können Sie aber selber bauen, wenn Sie Glasscheiben zuschneiden lassen und sie nach dem Vorbild eines Aquariums oder Terrariums zusammensetzen. Oder Sie verwenden ein altes Terrarium. Ob die Vitrine ganz aus Glas ist oder z. T. aus Holz, Aluminium oder Metall, hängt von Ihrem persönlichen Geschmack ab. Für welche Lösung Sie sich auch entscheiden – folgende Punkte sollten Sie beachten:

➤ Für eine gute Belüftung braucht die Vitrine vorn oder oben in den Glasscheiben große Öffnungen. Diese sind auch nötig, um die Pflanzen gut pflegen zu können.

➤ Die Beleuchtung installieren Sie besser über der Vitrine im Abstand von 1 m zu den Pflanzen, sonst ist die Gefahr der Überhitzung zu groß. Normale Leuchtstoffröhren reichen aus (→ Seite 14).

➤ Orchideen in der Vitrine mögen es zwar warm, brauchen aber auch frische Luft. Hier helfen wieder die kleinen Ventilatoren aus Computergehäusen (→ Seite 15).

➤ Möchten Sie den Vitrinen-Boden bepflanzen, hat sich als Substrat eine Mischung aus Blumenerde und Blähton bewährt. Die Pflanzen verdunsten über die Blätter viel Wasser und erhöhen so die Luftfeuchtigkeit. Ansonsten konstruieren Sie den Vitrinenboden als Wasserbecken und legen ein Gitter darüber.

➤ Bei der Gestaltung der Vitrine ist Ihre Fantasie gefragt: Sie können z. B. eine Wand mit Holz, Rinde oder Kork verkleiden – vor einem solchen Hintergrund wirken Orchideen besonders gut. Naturgetreu wirkt ein Epiphyten-Stamm. Dazu wird ein Ast oder Stamm in der Vitrine befestigt, auf dem die Orchideen wachsen können.

Wintergarten und Gewächshaus

In einem Wintergarten oder einem Gewächshaus finden Orchideen fast perfekte Bedingungen. Sie bekommen

> *Im Schatten der Begleitpflanzen entwickeln sich Orchideen in Wintergarten und Gewächshaus prächtig.*

reichlich Licht und Luftfeuchtigkeit und können im Schatten anderer Pflanzen stehen, geschützt vor direkter Sonne.

➤ Die Wahl der Orchideen richtet sich danach, ob Wintergarten oder Gewächshaus kühl, temperiert oder warm sind. Dabei ist wiederum entscheidend, wie kühl die Temperatur in der Nacht ist und wie schnell morgens aufgeheizt wird. Entsprechend wählen Sie Orchideen aus dem kühlen, temperierten oder warmen Bereich.

➤ Denken Sie daran, dass es in großen Räumen an den Außenwänden sehr viel kühler ist als an den Seiten zum Wohnraum hin. Diesen Effekt können Sie sich allerdings zunutze machen. Wärme liebende Orchideen kommen an geschützte Plätze, die, die es etwas kühler mögen, finden an den Außenwänden Platz.

➤ Wegen der großen Glasflächen im Wintergarten oder Gewächshaus ist im Frühjahr und Sommer eine Schattierung notwendig.

➤ Prüfen Sie auch in Wintergarten und Gewächshaus mit einem Minimum-Maximum-Thermometer, ob die Nachtabsenkung reicht (→ Seite 8).

➤ Begleitpflanzen mit großen Blättern verdunsten Wasser und erhöhen die Luftfeuchte.

➤ Sorgen Sie auch im Wintergarten und im Gewächshaus im Sommer für ausreichende Belüftung. ∎

PRAXISINFO

Geeignete Begleitpflanzen

Begleitpflanzen schaffen ein gutes Kleinklima und setzen Orchideen richtig in Szene.

Für die Vitrine:

✗ Bromelien

✗ Dieffenbachie (*Dieffenbachia*)

✗ Farne

✗ Keulenlilie (*Cordyline*)

✗ Korbmarante (*Calathea*)

✗ Pfeilwurz (*Maranta*)

Für Wintergarten und Gewächshaus:

✗ Baumfreund (*Philodendron*)

✗ Birkenfeige (*Ficus*)

✗ Columnea

✗ Fensterblatt (*Monstera*)

✗ Geweihfarn (*Platycerium*)

17

Exotische Blüten
für jeden Platz

Möchten Sie das ganze Jahr über und an jedem Fenster Blüten in allen Farben und Formen? Dann liegen Sie mit Orchideen genau richtig. Geschickt ausgewählt und kombiniert, finden Sie für kühle, temperierte oder warme Räume passende Orchideen. Und wenn Sie beim Aussuchen darauf achten, Züchtungen mit ganz unterschiedlichen Blütezeiten zu wählen, präsentieren sich Ihre Fenster von Januar bis Dezember in exotischem Blütenschmuck.

Am unkompliziertesten sind Orchideen, die Wärme lieben. Zu ihnen gehören die Phalaenopsen, die es heute in allen Farben gibt. *Cattleyen, Dendrobium-Phalaenopsis*-Hybriden, *Ascocenda* oder Vandeen mit ihren blauen Blüten runden die Palette ab. Favoriten für temperierte Räume sind *Aerangis, Angraecum, Brassia, Calanthe,* verschiedene Frauenschuh-Arten, Masdevallien oder *Zygopetalum*. Für kühle Zimmer findet sich ebenfalls ein reiches Repertoire: Bewährt haben sich *Burrageara, Cymbidium, Miltonia, Odontoglossum, Oncidium* und *Paphiopedilum*. Sie alle brauchen nach der Blüte eine Ruhephase, um wieder neue Kraft zu schöpfen. Orchideen für warme und temperierte Räume brauchen nicht immer eine Ruhezeit – erkundigen Sie sich schon beim Kauf danach.

PRAXISINFO

Arrangements auf der Fensterbank

🕐 **Zeitbedarf:** 1 Std.

Material:

✗ Geeignete Übertöpfe

✗ Drainagematerial für den Übertopf, z. B. Steinchen, Kork oder Ähnliches (jedoch kein Seramis)

✗ Fensterbankschalen zur Verbesserung des Kleinklimas

✗ Eventuell Deko-Material – ganz nach Ihrem persönlichen Geschmack

✗ Benutzen Sie große Übertöpfe, so dass zwischen Blumentopf und Übertopf die Luft zirkulieren kann.

✗ Legen Sie Steinchen, Korkstücke oder Ähnliches als Drainage in den Übertopf, damit das Wasser verdunsten kann und der Blumentopf nicht direkt im Wasser steht. Verwenden Sie dafür kein Seramis oder ähnlich feines Material. Der Topf bohrt sich in das Material und steht direkt im Wasser.

✗ Mit Wasser gefüllte Fensterbankschalen verbessern das Kleinklima.

Das temperierte Fenster

Für Küche oder Flur eignen sich Gattungen, die relativ hohe Temperaturschwankungen vertragen: *Dendrobium-nobile*-Hybriden, alle *Paphiopedilum*-Arten sowie *Cattleya* (von links nach rechts).

1

2

Das kühle Fenster

An einem hellen Nordfenster blühen diese Gattungen gut: *Odontocidium*, *Miltonia*, *Paphiopedilum* (Kalthaus-Arten) und *Burrageara* (von links nach rechts).

Das warme Fenster

Diese Orchideen gedeihen in warmen Wohnräumen immer und sind sehr beliebt: *Dendrobium-phalaenopsis*-Hybriden und Phalaenopsen aller Art.

3

Das richtige Substrat

Gutes Substrat ist die Grundlage für gesunde Orchideen. Es versorgt sie mit Wasser, Nährstoffen und Mineralien. In der Natur sind Orchideenwurzeln von Luft umgeben, so dass sie nicht ständig nass

> *Brassia Spider's Feast liebt etwas feineres Substrat, da sie zarte Wurzeln hat.*

sind. Im Topf müssen sie deshalb in einem lockeren Substrat kultiviert werden, das genug Luft an die Wurzeln lässt. Normale Blumenerde ist für Orchideen nicht geeignet; sie ist zu fein und verdichtet

rasch. Kaufen Sie deshalb unbedingt Orchideensubstrat. Wenn Sie für Ihre Orchideen immer dasselbe Fertigsubstrat verwenden oder sich eine bestimmte Mischung selbst herstellen (→ Spartipp), können Sie sicher sein, dass Ihre Orchideen über viele Jahre gleichmäßig gut gedeihen. Orchideensubstrat von hoher Qualität erkennen Sie an folgenden Eigenschaften und Inhaltsstoffen:

➤ Es muss grob und luftdurchlässig sein, damit die Orchideenwurzeln nach dem Gießen gut abtrocknen.

➤ Grobes Substrat zersetzt sich nur langsam. Feines Substrat wird rascher abgebaut und gibt viele Mineralsalze frei, die die empfindlichen Wurzeln schädigen.

Grundstoffe

➤ Als Grundsubstanz hat sich die **Rinde mediterraner Kiefern (Pinien)** bewährt. Wenn Sie Substrat selbst mischen wollen, bekommen Sie es im Gartenfachhandel als so genannte Piniendekorrinde in verschiedenen Körnungen. Geeignet sind grobe Sorten mit einer recht großen Körnung, am besten Körnung 15–25. Nehmen Sie keine Kiefernrinde aus unseren Wäldern. Sie ist zu harzig und enthält zu viele Gerbstoffe, die den Wurzeln schaden.

SPARTIPP

>> einfach und exotisch

Substrat selbst gemacht

Für 10 l Orchideensubstrat benötigen Sie:

➤ 8 l Pinienrinde (Körnung Nr. 15–25)

➤ 1 l groben Torf oder Neuseelandmoos

➤ 1 l Vermiculite, Seramis und Holzkohle

➤ 20 g kohlensaurer Kalk

➤ wasserlöslicher Dünger (nach Dosierungsanleitung)

Mischen Sie alle Zutaten gut. Trocken und luftig aufbewahrt, hält sich das Substrat lange Zeit.

➤ Zweiter wichtiger Bestandteil ist **Torf**. Er nimmt leicht Wasser auf, speichert es und gibt es bei Bedarf wieder ab. Auch der Torf muss grob sein, sonst sind die Staubanteile zu hoch. Feine Torfteilchen machen das Substrat luftundurchlässig. Der Torfanteil im Substrat soll maximal 20 % betragen. Torfkultursubstrate eignen sich nicht.

➤ Anstelle von Torf kann man auch **Neuseelandmoos** (*Sphagnum* sp.) verwenden. Trotz seiner feinen Struktur gibt es Feuchtigkeit gut ab und leitet sie nach und nach an die Wurzeln weiter. Das Substrat trocknet leicht und es entsteht keine Staunässe.

> *In Töpfen in der Schale: Pflanzen mit verschiedenen Substratansprüchen.*

Zusatzstoffe

➤ **Holzkohle** erhöht den pH-Wert des Substrats, d. h. es wird etwas weniger sauer. Sie ist allerdings kaum in geeigneter Körnung im Handel erhältlich; man kann jedoch etwa 1 cm große Stücke aus Grillkohle heraussieben.

➤ **Perlite** und **Vermiculite** sind speziell behandelte Gesteine, die Nährstoffe und Wasser speichern. Beide sind im Baustoffhandel erhältlich.

➤ **Seramis** ist ein Tongranulat und wird dem Orchideensubstrat nur beigemischt. Es sorgt für bessere Durchlüftung und ist sowohl salzarm als auch strukturstabil.

➤ Kohlensaurer **Kalk** erhöht den pH-Wert von Rindensubstraten. Er sollte einen hohen Magnesiumanteil haben, um die Orchideen mit diesem lebenswichtigen Mineral zu versorgen. Zusatzstoffe wie Holzkohle, Perlite, Vermiculite sowie Seramis sollten in einer guten Substratmischung zusammen maximal 30 % ausmachen. ■

CHECKLISTE

Substrat-Test

Ob ein Orchideensubstrat in der Struktur von guter Qualität ist, können Sie mit einem ganz einfachen Test feststellen:

✔ Durchfeuchten Sie das Substrat, und pressen Sie es mit der Faust zusammen.

✔ Fällt das Substrat wieder locker auseinander, ist seine Struktur in Ordnung. Es ist luftig und daher für Orchideen geeignet.

✔ Bleibt es verklumpt, verwenden Sie es besser nicht. Es verdichtet zu leicht und behindert die Orchideenwurzeln bei der Luftaufnahme.

Richtig umtopfen

Orchideen in Topfkultur müssen regelmäßig umgetopft werden. Nur dann können sie sich über viele Jahre gut entwickeln.
Orchideen brauchen nur selten einen größeren Topf, aber regelmäßig frisches Substrat. Zu altes Substrat zerfällt, ver-

> *Oerstediella centradenia mag grobes Substrat und bildet viele Kindel.*

dichtet sich und lässt dann nicht mehr genug Luft an die Orchideenwurzeln. Außerdem werden beim Zersetzungsprozess Salze frei, die die Wurzeln schädigen.

Orchideen, die als Epiphyten aufgebunden oder in Korbkultur gehalten werden, bekommen kein neues Substrat, sondern bleiben auf ihrer Unterlage. Nährstoffe beziehen sie ausschließlich aus dem Gießwasser.

Der richtige Zeitpunkt
Am besten topfen Sie Ihre Orchideen im zeitigen Frühjahr um, wenn die Wachstumsphase beginnt. Geeignet ist auch die Zeit vom Spätsommer bis zum frühen Herbst. Auf keinen Fall dürfen Sie Orchideen umtopfen, während sie blühen: Sie reagieren in dieser Zeit besonders sensibel auf Veränderungen und werfen eventuell die Blüten ab. Im Winter und in sehr heißen und trockenen Zeiten sollten Sie ebenfalls nicht umtopfen.
➤ Umtopfen sollte man mindestens alle zwei Jahre.
➤ Neu gekaufte Pflanzen topft man besser schon nach einem Jahr um. Bedenken Sie, dass sie beim Kauf bereits mindestens ein Jahr im selben Topf und Substrat stehen.

Umtopfen Schritt für Schritt
Verwenden Sie zum Umtopfen immer nur saubere Töpfe und frisches Substrat, damit keine Krankheiten verschleppt werden. Als Topf können Sie den gereinigten alten Topf wieder verwenden oder – falls die Pflanze wirklich zu groß geworden ist – einen Topf nehmen, der im Durchmesser maximal 2 cm größer ist. Wählen Sie möglichst einen Plastiktopf mit »Füßchen«, damit das Wasser nach dem Gießen gut abfließen kann.
➤ Nehmen Sie als Erstes die Orchidee aus dem alten Topf, indem Sie die Topfwand rundherum leicht zusammendrücken, bis sich die Wurzeln lösen. Wenn die Pflanze sehr fest sitzt, drehen Sie den Topf um und klopfen leicht auf den Topfboden.
➤ Entfernen Sie das alte Substrat vorsichtig mit den Händen.
➤ Schneiden Sie abgestorbene Wurzelteile sowie alte, abgestorbene Bulben ab. Dazu verwenden Sie am besten eine

> 1 Vorbereiten

Altes Substrat und alte Wurzeln entfernen. Brechen Sie die Wurzeln nicht ab und fassen Sie sie nur behutsam an.

> 2 Drainage anlegen

Unbedingt eine Drainage-Schicht einfüllen, damit das Substrat und die Wurzeln abtrocknen können.

> 3 Erde einfüllen

Beim Erdeeinfüllen die Wurzeln in den Topf drehen, damit sie nicht brechen.

Gartenschere, die Sie zuvor durch Abflammen desinfiziert haben. Achten Sie darauf, dass der Schnitt glatt ist und keine Pflanzenteile gequetscht werden. Alte Blütenstiele sollten Sie jetzt entfernen. Größere Wunden bestreuen Sie zum Desinfizieren mit Aktivkohlepulver (im Gartenhandel und in Apotheken erhältlich).

➤ Füllen Sie den Topf etwa zu einem Viertel mit Drainagematerial wie Tonscherben, Kieselsteinen, Blähton oder Styroporchips.

➤ Setzen Sie die Orchidee so ein, dass keine Wurzeln mehr über den Topfrand ragen. Achten Sie darauf, dass auch die Luftwurzeln im Topf sind.

➤ **Monopodiale Orchideen** setzt man in die Topfmitte. Der Abstand zwischen der Pflanze und dem Topfrand sollte ca. 2 cm betragen.

➤ Bei **sympodialen Orchideen** dürfen die alten Triebe den Topfrand berühren. Zwischen Neutrieb und Topf sollten jedoch zwei Fingerbreit Platz sein. Alte Bulben können Sie entfernen, Sie müssen aber mindestens drei Bulben stehen lassen.

➤ Füllen Sie das leicht angefeuchtete Substrat rund um die Pflanze ein. Stoßen Sie

den Topf ab und zu auf der Tischplatte auf, so dass das Substrat gut zwischen die Wurzeln rutscht und sich setzt. Der Wurzelhals muss über dem Substrat auf der Höhe des Topfrandes liegen.

➤ Drücken Sie das Substrat leicht an.

➤ Gießen Sie die frisch umgetopfte Orchidee erst nach ein bis zwei Tagen, am besten am Vormittag, damit die Wurzeln bis zur Nacht wieder etwas abtrocknen können. ■

PRAXISINFO

Ochideen umtopfen

🕐 **Zeitbedarf:**
ca. 30 Min. pro Pflanze

Material:
✗ Topf, möglichst aus Kunststoff

✗ Drainagematerial: Tonscherben, Kieselsteine, Blähton oder Styroporflocken

✗ Substrat: im Handel erhältliche Orchideenerde oder ein selbst gemischtes Substrat (→ Seite 20)

Werkzeug:
✗ Gartenschere oder Messer (beide müssen scharf sein)

Richtig gießen und düngen

Beim Gießen und Düngen gilt für Orchideen: Weniger ist besser als zu viel. So können Sie bei der Pflege nichts falsch machen. Orchideen bevorzugen mäßig feuchtes Substrat. Gießen Sie

> Sorgsame Pflege belohnt Aerangis rhodosticta mit üppigen Blütenrispen.

deshalb selten, dann aber reichlich. Wichtig ist, dass das Substrat zwischen den einzelnen Wassergaben gut trocknen kann. Völlig austrocknen sollte es jedoch nicht. Zum Düngen wählen Sie am bes-

ten einen speziellen Orchideendünger. Er ist auf die Bedürfnisse der Orchideen optimal abgestimmt.

Regeln für das Gießen

Mit etwas Übung finden Sie leicht den richtigen Rhythmus für das Gießen.

➤ Als Faustregel gilt: Eine kräftige Pflanze in einem Topf von 13 cm Durchmesser gießt man nur einmal pro Woche.

➤ Der Wasserbedarf hängt auch vom Wetter ab: Ist es feucht, verdunsten die Pflanzen weniger Wasser und müssen seltener gegossen werden. Umgekehrt verlieren sie bei heißer Witterung viel Wasser und Sie müssen öfter gießen.

➤ Machen Sie vor dem Gießen immer die Fingerprobe: Bohren Sie mit dem Finger ein Loch in die Erde: Nur wenn sich das Substrat nicht mehr kühl und feucht anfühlt, sollten Sie gießen.

➤ Orchideen in Block- und Korbkultur müssen Sie regelmäßig sprühen. Wenn Sie nur wenig sprühen, sollten Sie sie zusätzlich alle zwei bis vier Tage für 15 Min. in einen Eimer mit Wasser tauchen, damit sich die Wurzeln richtig vollsaugen können. Ein Tauchbad empfiehlt sich auch für stark durchgetrocknete Orchideen in Topfkultur.

➤ Die beste Zeit zum Gießen und Sprühen ist der Morgen.

>> einfach und exotisch

TIPP

Das Gießwasser verbessern

➤ Wenn Sie Ihren Orchideen etwas Gutes tun wollen, sammeln Sie Regenwasser. Es ist zum Gießen am besten geeignet, da es salz- und kalkarm ist.

➤ Wenn das Wasser in Ihrer Region zu salz- und kalkhaltig ist, können Sie es ganz leicht verbessern: Kochen Sie das Wasser ab oder gießen Sie es durch einen Aktivkohlefilter. So wird der Salz- und Kalkgehalt reduziert. Solche Filter bekommen Sie in jedem Haushaltswarengeschäft.

➤ Das Wasser sollte Zimmertemperatur haben.
➤ Achten Sie darauf, dass die Blüten nicht nass werden, sonst bilden sich Flecken. Auch in den Blattachseln darf kein Wasser stehen bleiben.

Kleine Düngerlehre

Der Dünger versorgt die Orchideen mit den Hauptnährstoffen Stickstoff (N), Phosphor (P) und Kalium (K). Solche Dünger nennt man N-P-K-Dünger. Als Volldünger liefert er außerdem die für Orchideen wichtigen Spurenelemente wie z. B. Eisen, Magnesium, Mangan. Spezielle Orchideendünger enthalten zwar nicht unbedingt andere Stoffe als gewöhnliche Volldünger, sind aber trotzdem zu empfehlen, da ihre Dosierungsanleitung auf Orchideen abgestimmt ist. Es gibt sie in unterschiedlichen Konzentrationen. Entnehmen Sie der Anleitung, wie oft Sie düngen müssen. Flüssige Dünger gibt man lediglich in der empfohlenen Dosierung in das Gießwasser. Als Pulver oder Granulat angebotene Dünger wiegt man zunächst ab und löst sie auf. Organische Dünger sind nicht zu empfehlen. Sie wir-

➤ *Masdevallia angulata ist eine Naturform. Sie benötigt nur wenig Dünger.*

ken erst nach Wochen, geben dann aber die Nährstoffe in einer Dosis ab, die für die Orchideen zu hoch ist.

Die Wasserqualität

Orchideen brauchen salz- und kalkarmes Wasser. Zu hartes oder salziges Wasser können Sie mit ein paar einfachen Mitteln verbessern (→ Tipp). Informationen über die Qualität des Leitungswassers in Ihrer Gegend bekommen Sie bei den örtlichen Wasserwerken. ■

CHECKLISTE

Wann muss man gießen und düngen?

Wenn Sie folgende Punkte prüfen, machen Sie beim Gießen und Düngen keine Fehler.

✔ Machen Sie vor dem Gießen die Fingerprobe: Wenn das Substrat nur noch leicht feucht ist, dürfen Sie gießen.

✔ Wenn Sie nicht sicher sind, warten Sie mit dem Gießen lieber noch einen Tag.

✔ Lassen Sie die Pflanzen niemals im Wasser stehen.

✔ Benutzen Sie Regenwasser oder aufbereitetes Wasser.

✔ Düngen Sie nur mit einem Orchideen-Volldünger nach der Dosieranleitung.

Kulturfehler vermeiden

Meist geben Orchideen kleine Hinweise, wenn etwas mit der Pflege nicht stimmt. Achten Sie darauf, dann können Sie rechtzeitig eingreifen. Auch für Orchideen gilt: Vorsorge (→ Checkliste) ist besser als Nachsorge. Wenn Sie Ihren Orchideen die richtige

> *Zu viel Wärme und unregelmäßiges Gießen führt zu Ziehharmonikablättern.*

Pflege (→ Seite 20/21) angedeihen lassen, bleiben sie weitgehend von Krankheiten verschont. Sollten sie doch einmal Schäden zeigen, können Sie diese meist durch geeignete Behandlung beheben.

Wurzelschäden

Hängen die Blätter schlaff herab oder sind die Knospen gelb, sind meist die Wurzeln geschädigt. Ursachen:

➤ Die Pflanzen wurden zu viel gegossen, die Wurzeln sind verfault. **Maßnahme:** Seltener gießen, dann aber reichlich, so dass zwischen den Wassergaben das Substrat abtrocknen kann.

➤ Die Pflanzen wurden sehr lange Zeit zu selten gegossen. Das Substrat ist vollständig ausgetrocknet und die Wurzeln können die große Wassermenge so plötzlich nicht mehr aufnehmen. **Maßnahme:** Häufiger und regelmäßiger gießen. Sie können die

Pflanze auch tauchen, damit sich das Substrat wieder richtig mit Wasser vollsaugt.

➤ Trotz richtigem Gießen (ca. einmal pro Woche) kümmern die Orchideen. Sie haben nicht rechtzeitig umgetopft. Zu altes Substrat verdichtet sich und versalzt. Die Wurzeln schrumpfen. **Maßnahme:** Sofort umtopfen.

➤ Die Düngekonzentration ist zu hoch oder zu niedrig. **Maßnahme:** Im ersten Fall kann dies an einer zu hohen Salzkonzentration des Wassers liegen. Lassen Sie das Gießwasser in einer Spezialgärtnerei analysieren (→ Seite 61). Im zweiten Fall geben Sie sofort Orchideendünger.

TIPP

Feriendomizil für Orchideen

>> einfach und exotisch

➤ Bei zwei bis drei Wochen Abwesenheit können Sie Ihre frisch gegossenen Orchideen in einem Bad mit Fenster über die leicht mit Wasser gefüllte Badewanne stellen: Hier ist es kühl, nicht zu hell und die Luftfeuchte ist hoch.

➤ Sind Sie länger weg, sollten Sie jemanden finden, der die Orchideen ca. einmal pro Woche vorsichtig gießt.

➤ Stellen Sie die Orchideen im Sommer etwas weiter in den Raum. Dort sind sie vor der Sonne geschützt.

➤ Sind die Wurzelspitzen braun oder geschrumpft, hilft nur sofortiges Umtopfen. Solche Pflanzen dürfen Sie anschließend nur sehr vorsichtig gießen, bis sich die Wurzeln wieder erholt haben.

Ziehharmonikablätter

Ist die Temperatur zu hoch und die Nachtabsenkung zu gering (→ Seite 9), können bei sympodialen Orchideen so genannte Ziehharmonikablätter entstehen. Es bilden sich mickrige Triebe, deren Blätter sich in Falten legen. **Maßnahme**: Stellen Sie die Pflanze ca. zwei Monate an ein kühleres Fenster, dann wachsen sich die Blätter wieder aus.

Knospenfall

Wenn eine Orchidee die Knospen abwirft, liegt das meist an Zugluft, Mangel an frischer Luft, an zu hohen Temperaturen oder zu trockener Luft. Auch wenn sie zu wenig Licht bekommt, werden die Knospen gelb und fallen ab. **Maßnahme**: Geben Sie der Orchidee einen besseren Platz (→ Seite 8). Stellen Sie in die Nähe der Pflanzen nie Äpfel oder anderes Obst. Sie strömen ein Reifungshormon aus, das das Abfallen der Knospen bewirkt.

> Gesunde Wurzeln erkennen Sie an den grünen Spitzen. Faule und vertrocknete Wurzeln sind braun verfärbt und schlaff.

Kein Blütenansatz

Orchideen haben eine Ruhe- und eine Blühphase. In der Ruhephase brauchen Orchideen weniger Wasser und müssen etwas kühler stehen. Ohne diese Phase fehlt der Pflanze der Anreiz zur Blütenbildung. Wann und wie lange diese Phase dauert, ist von Orchidee zu Orchidee verschieden. Meist schließt sich die Ruhephase an die Blühphase an. Erkundigen Sie sich schon beim Kauf, ob und wann Ihre Orchidee eine Ruhezeit benötigt.

➤ Liegt die Ruhephase im Sommer, hängen Sie die Orchideen am besten von Mitte Mai bis maximal Ende September in Ihrem Garten in einen Laubbaum.

➤ Liegt die Ruhephase im Winter, können Sie die Orchidee in einen kühlen Raum stellen. Die Temperatur sollte nachts 12–14 °C betragen. ▪

CHECKLISTE

Pflegefehlern vorbeugen

✔ Prüfen Sie vor dem Gießen, ob das Substrat wirklich abgetrocknet ist.

✔ Verwenden Sie salz- und kalkarmes Gießwasser.

✔ Düngen Sie nicht zu stark.

✔ Orchideen dürfen nicht in Zugluft stehen.

✔ Halten Sie die notwendige Ruhephase ein. In dieser Zeit werden die Orchideen weniger gegossen und müssen etwas kühler stehen.

Pilze, Viren und Bakterien

Gut gepflegte Orchideen sind selten krank. Werden sie doch einmal infiziert, gibt es Rat und Hilfe.
Neben der optimalen Pflege sind die folgenden Hygienemaßnahmen die beste Vorbeugung gegen Krankheiten:
➤ Kranke oder alte Pflanzenteile sollten Sie immer sofort beseitigen.
➤ Desinfizieren Sie die Messer oder Scheren, mit denen Sie kranke Pflanzenteile entfernt haben, sorgfältig. Sie übertragen sonst Krankheitserreger auf andere Pflanzen.
➤ Reinigen Sie sich gründlich die Hände, wenn Sie kranke Pflanzenteile entfernt haben, damit Sie andere Pflanzen nicht anstecken.
➤ Größere Wunden der Orchideen bestäuben Sie mit Aktivkohlepulver, um Infektionen zu vermeiden.
➤ Benutzte Töpfe müssen vor dem Wiederverwenden sorgfältig mit heißem Seifenwasser gereinigt werden. Spülen Sie mit klarem Wasser gründlich nach.
➤ Stellen Sie kranke Pflanzen an einen isolierten Platz, damit sich die Infektion nicht auf »Nachbarn« ausbreitet.

Pilzkrankheiten

Pilzinfektionen treten meist nur in einer Orchideenvitrine oder im Blumenfenster auf: Hier ist das Klima viel feuchter und es fehlt frische Luft. Symptome sind meist fleckige Blüten oder braune Flecken auf den Blättern und Pseudobulben. Doch auch Wurzeln können von Pilzen befallen werden und faulen. Anfällig sind besonders *Phalaenopsis, Cattleya* und *Odontoglossum*-Hybriden. So können Sie Pilzkrankheiten vorbeugen und sie behandeln:
➤ Sorgen Sie für eine gute Luftzirkulation. Geeignet sind Ventilatoren aus Computergehäusen (→ Seite 15).
➤ Nasse Blüten sind besonders anfällig für Pilze. Gießen

Triebfäule tritt auf, wenn Wasser zwischen den Blättern stehen bleibt. Meist sind die Pflanzen nicht zu retten.

> *Botritys-Pilze machen sich breit, wenn die Blüte abends nicht abtrocknen kann. Man sollte deshalb besser morgens gießen.*

Klebriger Blattbelag

Klebrige Tropfen an der Blattunterseite sind ein sicheres Symptom für Stress. Die Ursachen können extreme Sonneneinstrahlung oder eine zu hohe bzw. zu niedrige Nachtabsenkung sein. Wischen Sie den Belag ab, da sich sonst Pilze darauf ansiedeln, und probieren Sie, ob es der Pflanze an einem anderen Platz besser geht. ■

oder sprühen Sie vormittags, damit die Pflanzen bis zur kühlen Nacht abtrocknen.

➤ Entfernen Sie befallene Pflanzenteile sofort.

➤ Bei starkem Befall können Sie nach der Anweisung auf der Verpackung handelsübliche Pilzbekämpfungsmittel verwenden. Dies ist jedoch nur dann sinnvoll, wenn Sie auch die Ursachen für den Pilzbefall – z. B. Mangel an frischer Luft – beseitigen.

Viruskrankheiten

Wenn Farben der Blüten streifig werden und die Blütenblätter gekerbt und missgebildet sind, ist eine Virusinfektion der Grund. Die Pflanzen kümmern und wachsen und blühen nicht mehr richtig. Die genauen Ursachen für Viruskrankhei-

ten sind unbekannt. **Maßnahme:** Sie können Virusinfektionen nur durch gute Pflege der Pflanzen verhindern. Sobald Teile einer Orchidee befallen sind, müssen Sie die Pflanze wegwerfen.

Bakterielle Infektionen

Infektionen mit Bakterien treten bei Orchideen nur selten auf. Meist befallen sie Pflanzen, die bereits durch Pilze oder tierische Schädlinge geschwächt sind. Man erkennt Bakterienerkrankungen an glasigen und weichen Gewebestellen (»Fettflecken«). **Maßnahme:** Stechen Sie die Flecken an, damit sie austrocknen, und trennen Sie die Pflanze von den übrigen. Manche Orchideen erholen sich wieder. Wenn nicht, müssen Sie sie wegwerfen.

CHECKLISTE

Sofortmaßnahmen

Ist eine Orchidee krank, sollten Sie Folgendes sofort tun:

✔ Isolieren Sie die kranke Pflanze , damit andere nicht angesteckt werden.

✔ Prüfen Sie, ob die Orchidee richtig gepflegt wurde.

✔ Entfernen Sie kranke Pflanzenteile.

✔ Desinfizieren Sie alles Werkzeug gründlich, das mit der kranken Pflanze in Berührung gekommen ist.

✔ Bei Pilzkrankheiten können Sie bei starkem Befall ein Fungizid einsetzen.

✔ Ist die Pflanze zu stark befallen, werfen Sie sie lieber weg. So werden andere Orchideen nicht angesteckt.

Tierische Schädlinge

Zum Glück gibt es nur wenige tierische Schädlinge, die Orchideen befallen. Werden sie rechtzeitig entdeckt, lassen sie sich gut bekämpfen. Untersuchen Sie Ihre Orchideen regelmäßig auf tierische Schädlinge. So können Sie rasch geeignete Maßnahmen zur Bekämpfung ergreifen. Isolieren Sie als Erstes befallene Pflanzen. Der »Quarantäne-Aufenthalt« hilft, die Ausbreitung der Schädlinge zu verhindern. Ursache für den Befall ist fast immer ein zu warmer, trockener Standort. Sorgen Sie also für frische Luft und hohe Luftfeuchte.

Schildläuse

Schildläuse erkennt man als kleine höckerartige, braune Flecken, die meist auf der Unterseite der Blätter zu finden sind. Unter dem braunen gewölbten Schild tragen sie viele Jungtiere und Eier. Deshalb sollten Sie die braunen Schilde nicht nur mechanisch entfernen, da Sie sonst Eier und Jungtiere erst recht über die Pflanze verteilen. **Maßnahme:** Waschen Sie die Schädlinge mit einer handwarmen Seifenlösung ab. Oder tupfen Sie mit einem Wattestäbchen einen Tropfen Speiseöl auf jedes Schild. Es verschließt die Atemöffnungen, die Schildläuse sterben ab. Sind bereits die Blüten befallen, müssen Sie die ganze Blütenrispe abschneiden. Beim Umtopfen sollten Sie vorsichtshalber die trockenen

> *Blattläuse sitzen gern auf Blüten. Sie treten vor allem im Frühjahr auf.*

Hüllblätter der Bulben entfernen. Sie sind ein beliebter Schlupfwinkel für Schildläuse.

Wollläuse

Woll- oder Schmierläuse sind weißliche Insekten mit einem wolligen, wachsartigen Überzug. Sie sitzen unter Blattansätzen und in Nischen. **Maßnahmen:** Betupfen Sie die Wollläuse ebenfalls mit einem Tropfen Öl. Sicherer ist es, ein Insektizid zu verwenden. Praktisch sind Produkte, die nicht mehr angerührt oder verdünnt werden müssen, so dass man nicht mit dem Konzentrat in Berührung kommt. Am einfachsten sind Sprays zu handhaben. Sprühen Sie

> *Schildläuse lassen sich gut bekämpfen, wenn man sie rechtzeitig entdeckt.*

immer nur die befallenen Pflanzenteile ein und nie die ganze Pflanze, da diese Mittel immer auch die Atemöffnungen der Pflanzen verschließen und die Orchidee dadurch absterben kann. Bei starkem Befall sollten Sie die Pflanze austopfen, die Schädlinge unter fließendem Wasser abspülen und die Orchideen wieder einpflanzen. Entdecken Sie danach noch neue Schädlinge, sollten Sie die Stelle sofort mit dem Insektizid einsprühen.

Blattläuse

Die grünen oder schwarzen Blattläuse tauchen meist im Frühjahr auf. **Maßnahme:** Wischen Sie die Blattläuse ab. Bei starkem Befall sprühen Sie die Pflanze mit einem Insektizid ein. Treten Blattläuse häufiger auf, sollten Sie das Mittel wechseln, da Blattläuse sehr schnell resistent werden.

Rote Spinne

Den Befall mit Roter Spinne (Spinnmilbe) erkennen Sie an der silbrigen Blattunterseite. Bei sehr starkem Befall ist ein Gespinst zu sehen. Mit einer Lupe entdecken Sie die rötlichen Tiere. **Maßnahme:** Erhöhen Sie die Luftfeuchte

> *Wollläuse lieben versteckte Stellen. Wichtig ist deshalb sorgfältige Kontrolle.*

(→ Seite 14). In schweren Fällen sollten Sie ein Mittel gegen Milben (Akarizid) einsetzen.

Thripse

Ebenfalls silbrig gesprenkelt sind Orchideenblätter, wenn sie von Thripsen befallen sind. Diese sind etwa 1 mm groß. Da sie fliegen können, ist es schwieriger, sie zu bekämpfen. **Maßnahme:** Behandeln Sie die Orchidee so schnell wie möglich mit einem Insektizid. ∎

CHECKLISTE

Schädlinge erkennen

Wenn Sie die Symptome des Befalls durch tierische Schädlinge schnell erkennen, können Sie Ihre Orchideen richtig behandeln.

✔ Schildläuse: höckerartige, braune, gewölbte Flecken auf der Blattunterseite

✔ Woll- oder Schmierläuse: Insekten mit weißem, wolligem, wachsartigem Überzug

✔ Blattläuse: grün oder schwarz gefärbte Insekten

✔ Spinnmilben: silbrige Flecken auf der Blattunterseite

✔ Thripse: silbrige Flecken auf den Blättern

Fiesta tropicana mit
Orchideen

Sanftes Meeresrauschen, samtig-warme Luft und exotische Düfte – wer bekommt da nicht Lust auf ein Fest in tropischem Ambiente?
Egal ob die Party im Garten stattfindet oder nur im Haus – mit Orchideen verzaubern Sie die Stimmung und lassen Ihre Gäste für ein paar Stunden verregnete mitteleuropäische Sommer oder kalte Winter vergessen. Orchideen eignen sich perfekt zum Dekorieren: Für jeden Drink findet sich die farblich passende Orchideenblüte,

und auf dem Buffet harmonieren *Phalaenopsis* & Co. wundervoll mit exotischem Fingerfood und köstlichen Gerichten von Südostasien bis zur Karibik.
Der Clou sind erfrischende Drinks mit Vanille: Die Orchidee mit ihren dezenten gelbgrünen Blüten und den langen, braunen Kapseln zieht mit ihrem Aroma seit Jahrhunderten Genießer auf der ganzen Welt in ihren Bann. Sie stammt aus Mexiko und wird heute in vielen tropischen Ländern angebaut.

Wählen Sie zum Dekorieren nur ganz erblühte Orchideen. Sie halten länger, weil sie keine Energie ins Aufblühen der Knospen stecken müssen. Schnitt-Orchideen bekommen Sie heute das ganze Jahr über im Blumenhandel. Auch die längste Party halten die festen Blüten von *Aranda, Cymbidium, Dendrobium* und *Phalaenopsis* durch. Stecken Sie sie in Glas- oder Plastikröhrchen (gibt es im Blumenladen): So haben Sie für jeden Gast eine Orchideenblüte als Abschiedsgeschenk.

Die Vanille ist die einzige Orchidee, die als Nutzpflanze dient. Ihre Blüten schimmern in dezentem Gelbgrün aus dem Blätterdickicht hervor.

Die schotenförmigen Kapseln liefern durch Fermentation das Aroma, das sich aus über 30 Substanzen zusammensetzt.

Orchideen-Deko auf dem Buffet verwandelt jede Party in eine Fiesta tropicana. Die haltbaren Blüten sind – in ein Glasröhrchen gesteckt – außerdem ein bezauberndes Geschenk für jeden Gast.

Ob im Dessert, in der Sauce oder im kühlen Milchmixgetränk – dem verführerischen Vanillearoma kann keiner widerstehen.

Orchideen teilen

Orchideen machen Lust auf mehr: Für sich selbst oder zum Verschenken können Sie Ihre Orchideen ganz leicht vermehren.

Am einfachsten lassen sich Orchideen ungeschlechtlich, d. h. durch Teilung vermehren. Dabei gibt es bei den

> *Ungeteilte Orchideen blühen üppiger wie hier Miltonia Red Tide.*

verschiedenen Orchideen unterschiedliche Möglichkeiten: die Teilung der ganzen Pflanze oder die Vermehrung durch so genannte Kindel oder Kopfstecklinge.

Vermehren durch Teilung

Sympodiale Orchideen (→ Seite 6) lassen sich ganz leicht durch Teilung vermehren. Sind sie nach ein paar Jahren für die Fensterbank zu groß geworden, ist das Umtopfen dafür die ideale Gelegenheit.

➤ Lösen Sie die Pflanze aus dem Topf, und entfernen Sie das Substrat von den Wurzeln. Oft fallen große Pflanzen dann schon von selbst auseinander.

➤ Entfernen Sie alte, abgestorbene Bulben. Sie sind klein, schrumpelig und haben teilweise keine Blätter mehr.

➤ Durchtrennen Sie den Wurzelstock zwischen den Bulben mit einem scharfen, abgeflammten Messer. Teilen Sie die Pflanze so, dass immer mindestens drei Bulben und ein Neutrieb zusammenbleiben.

➤ Bestreuen Sie die Wundstellen mit Aktivkohlepulver. Die Wunden trocknen dann schneller und Krankheitskeime können nicht eindringen.

➤ Topfen Sie die neu entstandenen Pflanzen so schnell wie möglich ein (→ Seite 22).

Für monopodiale Orchideen ist diese Art der Teilung nicht geeignet, da sie nicht mehrere Triebe bilden. Entwickeln sich doch einmal Seitentriebe, sitzen diese meist so eng aneinander, dass beim Teilen leicht das Herz verletzt wird und beide Pflanzenteile absterben.

Kindel

Bei manchen monopodialen Orchideen bilden sich an einer Rispe von selbst kleine neue Pflänzchen mit Blättern und Wurzeln, so genannte Kindel oder Keiki. Die Kindelbildung ist stark sortenabhängig. Sie kommt vor allem bei einigen Arten und Hybriden der Gattungen *Dendrobium* und *Phalaenopsis* vor. Stickstoffbetonte Düngung und hohe Wärme fördern die Bildung von Kindeln bei diesen Orchideen. Allerdings blühen diese Pflanzen dann weniger.

➤ Hat sich ein Kindel gebildet, geben Sie um den Wurzelhals Moos und befestigen Sie es mit Bindedraht.

➤ Besprühen Sie das Moos und die Wurzeln sowie auch

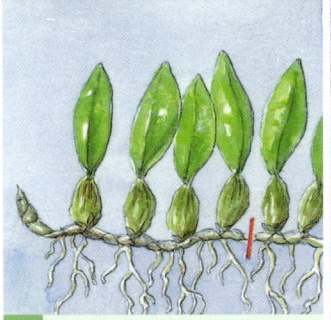

1 ❯ Teilung

Mindestens drei Bulben und ein Fronttrieb sollen für die neue Pflanze stehen bleiben. Sie wachsen leichter an, weil sie reichlich Wurzeln haben.

2 ❯ Kindel

Das bewurzelte Kindel mit einem Stück des Stiels abschneiden, nicht abbrechen. Trennen Sie Kindel erst nach der Blüte ab.

3 ❯ Kopfstecklinge

Auch Kopfstecklinge sollten bereits Wurzeln besitzen. Entfernen Sie die unteren Blätter nach dem Abtrennen, da sie sonst in der Erde faulen.

Kindel und Mutterpflanze regelmäßig. Achten Sie aber darauf, dass das Moos nicht zu nass wird.

➤ Wenn die Jungpflanze kräftig herangewachsen ist und Wurzeln gebildet hat, schneiden Sie die Pflanze mit einem Stück der Rispe ab.

➤ Bestreuen Sie Wunden mit Aktivkohlepulver, um Infektionen zu vermeiden, und pflanzen Sie die Orchidee in einen möglichst kleinen Topf. Gießen Sie nur morgens, damit das Substrat bis zum Abend wieder abtrocknet.

➤ An einem warmen Platz mit hoher Luftfeuchte wächst das Kindel schnell heran. Es kann schon nach etwa sechs Monaten blühen.

Übrigens: Sie können Kindel auch an der Pflanze lassen: Es ist besonders dekorativ, wenn sie an der Mutterpflanze zur Blüte kommen. Allerdings müssen die Orchideen dazu an einem Platz mit 70–80 % Luftfeuchtigkeit stehen.

Kopfstecklinge

Einige monopodiale Orchideen kann man durch Stecklinge vermehren. Vor allem kletternde Arten der Gattungen *Angraecum* und *Epidendrum*, aber auch die Vanille sind dafür geeignet. Trennen Sie ein Stück Sproß unterhalb der Luftwurzeln ab, und pflanzen Sie es ein. Achten Sie darauf, dass jedes Teilstück Wurzeln und Blätter besitzt. ■

PRAXISINFO

Zum Vermehren brauchen Sie:

🕑 **Zeitbedarf:**
pro Pflanze etwa 45 Min.

Material:
✗ speziell für Orchideen geeignetes Substrat

✗ kleine Töpfe zum Einpflanzen der Teilpflanzen, Kindel oder Kopfstecklinge

✗ Aktivkohlepulver zum Bestreuen der Wundstellen

Werkzeug:
✗ abgeflammtes Messer oder Schere

Wie Orchideen gezüchtet werden

Heute werden kaum noch Orchideen gesammelt, sondern im Labor gezüchtet. Das kommt dem Schutz wilder Orchideen zugute. Dass Orchideen heute preiswert und in so großer Vielfalt

> *Mehrmals im Jahr blüht Ascocenda Princess Mikasa. Sie gehört zu den Vandeen.*

zu haben sind, ist der modernen Züchtung zu verdanken.

Meristemvermehrung

Beim Orchideenkauf wird Ihnen immer wieder der Begriff »Meristemvermeh-

rung« oder »Gewebevermehrung« begegnen. Diese ungeschlechtliche Art der Vermehrung wird heute von den meisten Orchideengärtnern eingesetzt. Der Mutterpflanze werden unter dem Mikroskop Zellen entnommen, die sich noch nicht spezialisiert haben. Diese werden auf ein Nährmedium aufgebracht, in dem sich die Zellen teilen. Schließlich entwickeln sich aus ihnen vollständige Pflanzen, die alle untereinander und mit der Mutterpflanze identisch sind. So kann man in relativ kurzer Zeit aus einer Mutterpflanze Tausende identischer Jung-Orchideen ziehen (klonen).

Natürliche Vermehrung

In der Natur vermehren sich Orchideen durch Aussaat der Samen. Dabei handelt es sich – anders als bei den bisher vorgestellten Methoden – um geschlechtliche Vermehrung, d. h., es wird das Erbgut zweier Orchideen kombiniert. Auf diese Art und Weise entstehen auch neue Züchtungen. Orchideensamen sind ungeheuer fein, weil sie kein eigenes Nährgewebe besitzen, das den Keimlingen Nahrung liefert. In einer Samenkapsel können Millionen von pulverförmigen Samen enthalten sein. In der Natur keimt der Samen nur dank eines speziellen Wurzelpilzes, der dem

SPARTIPP

Orchideen-Tausch

>> einfach und exotisch

Wenn Sie die Sammelleidenschaft gepackt hat, gibt es einige Möglichkeiten, relativ preiswert an neue Orchideenarten und -sorten zu kommen:

➤ Im Internet haben sich einige Tausch-Börsen etabliert, bei denen Orchideen-Freunde Pflanzen tauschen können. Bewährte Adresse: www. orchideenforum.de

➤ Mitglieder der Deutschen Orchideengesellschaft finden in der Vereinszeitschrift in der Rubrik Suche/ Biete/Tausche die Möglichkeit zum Pflanzentausch.

Samen zur Keimung verhilft und danach die Pflänzchen mit Nährstoffen versorgt. Professionelle Züchter lassen die Samen auf einem künstlichen Nährboden keimen. Das muss im Labor unter sterilen Bedingungen geschehen, da das zuckerhaltige Nährmedium sonst leicht von Bakterien oder Pilzen infiziert wird. Diese Art der Vermehrung braucht allerdings Geduld: Orchideensamen keimen erst nach drei bis neun Monaten und erst nach eineinhalb bis drei Jahren haben sich die Keimlinge zu Jungpflanzen entwickelt. Bis zur Blüte dauert es dann noch einmal zwei bis vier Jahre.

Heute kommen Orchideen aus dem Labor und nicht aus dem Urwald.

Orchideenzucht und Naturschutz

Früher wurden Orchideen zu Tausenden in den tropischen Regenwäldern gesammelt und nach Europa verschifft. Dieser Raubbau an der Natur hat manche Arten an den Rand des Aussterbens gebracht. Zu ihrem Schutz wurden deshalb alle Orchideen 1972 in das Washingtoner Artenschutzabkommen aufgenommen. Dies bedeutet, dass der Handel über EU-Grenzen nur mit Hilfe eines beglaubigten Papiers (CITES) genehmigt wird. Das gilt auch für Orchideen, die in Europa wild wachsen.

Dank moderner Züchtungsmethoden werden heute kaum noch wilde Orchideen importiert. Durch die Nachzucht im Labor wird der Artenschutz nicht nur eingehalten, sondern stark gefördert. Dies hat noch einen Vorteil: Gezüchtete Pflanzen sind viel besser an unsere Kulturbdingungen angepasst und viel einfacher zu pflegen.

PRAXISINFO

Orchideenzucht nützt der Natur

Beziehen Sie Orchideen nur aus Nachzuchten von Orchideengärtnereien. So helfen Sie, wilde Orchideen zu schützen.

✗ Bei der Meristemvermehrung entstehen im Labor aus einer Mutterpflanze tausende identische Jungpflanzen.

✗ Bei der Aussaat, also der natürlichen Vermehrung, können neue Varianten bekannter Orchideen entstehen.

✗ Auf Internet-Tauschbörsen können Sie Ihre Orchideensammlung ohne große Kosten erweitern.

Pflanzenporträts

Phalaenopsis

Phalaenopsis-Orchideen sind die populärsten Orchideen überhaupt. Sie blühen zwei- bis dreimal pro Jahr, manche sogar das ganze Jahr über und sind ausgesprochen pflegeleicht. Die Blüten sind meist weiß, rot oder weiß mit roter Lippe. Es gibt heute aber auch gelbe und gemusterte Züchtungen. Wichtig bei der Pflege ist, dass sie nachts kühler stehen als am Tag. Da jedoch quasi alle Zentralheizungen nachts automatisch auf eine niedrigere Temperatur eingestellt sind, ist das in den meisten Wohnungen heute kein Problem. Nur wenn eine *Phalaenopsis* ein ganzes Jahr lang nicht wieder zur Blüte gekommen ist, sollten Sie die Pflanze für maximal ein bis zwei Monate an ein Fenster mit etwas niedrigeren Temperaturen (ca. 15 °C) stellen. Danach wird auch diese Pflanze wieder blühen.
Für alle *Phalaenopsis* gilt: Die Rispe muss gleich nachdem die letzte Blüte verblüht ist über einer Verdickung im Stängel, einem so genannten Auge, zurückgeschnitten werden. Durch diesen frühen Rückschnitt treibt der Stängel rasch wieder aus und bildet wieder neue Blüten. Schneiden Sie die Rispe am besten über dem dritten Auge von unten ab, dann wird der neue Trieb nicht zu lang. Wenn Sie eine Rispe nicht zurückschneiden, treibt sie an der alten Spitze wieder aus. Lassen Sie das nur einmal zu, und schneiden Sie – trotz Knospen – beim zweiten Austrieb wie beschrieben die Rispe über einem Auge ab. Die Pflanze bildet sonst weniger Blüten. Relativ selten entstehen an Blütenrispen in Höhe der Augen so genannte Hüllblätter. Diese haben keinerlei weitere Bewandtnis. Sie sollten aber regelmäßig auf Schild- oder Wollläuse untersucht werden, da sie diesen ein gutes Versteck bieten. Dagegen wachsen an manchen Sorten Kindel, die Sie für die Anzucht neuer Pflanzen verwenden können (→ Seite 34). Kreuzungen mit der Gattung *Doritis* nennt man *Doritaenopsis*. Sie sind leicht an ihrer aufrechten Blütenrispe zu erkennen.

Phalaenopsis equestris

Höhe: 20–30 cm
Blütezeit: ganzjährig möglich
Phalaenopsis-Naturform

➤ **wüchsig und vielblütig** ✿

Blüte: 2–4 cm große Blüten, meist rosa, manchmal auch rosarot mit roter Lippe; Blühdauer: drei bis vier Monate
Standort: hell und warm
Pflege: Topfkultur oder Blockkultur, mag Tauchbäder, anfällig für Staunässe; Rispe nicht abschneiden, blüht am Ende der Rispe oft weiter; auf Schild- und Wollläuse kontrollieren
Sonstiges: kleinwüchsig; hellgrüne, schlanke Blätter; bildet Kindel. Die Blüten der Naturform sind kleiner als die der Züchtungen, aber mindestens ebenso schön.

✿ pflegeleicht   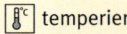 kühl   🌡 temperiert   🌡 warm

Phalaenopsis Ever-Spring Light

Höhe: 40–60 cm
Blütezeit: ganzjährig
neue Zuchtrichtung

➤ **attraktive Muster** ✿

Blüte: sehr fest mit unregelmäßig großen Flecken, jede ist anders gemustert; meist vier bis sechs an nur einer Rispe; Blühdauer: drei bis vier Monate
Standort: warm und hell
Pflege: Topfkultur, weniger für Blockkultur geeignet, braucht Tauchbäder, Rispe zurückschneiden, blüht an der neuen Rispe; auf Schild- und Wollläuse achten
Sonstiges: Sorten z. B. mit orangerot gefleckten Blüten oder weiß mit schwarzen Punkten. Neue Züchtungen duften.

Phalaenopsis Professor Rubinia x venosa

Höhe: 20–30 cm
Blütezeit: ganzjährig möglich
kleinblütige *Phalaenopsis*

➤ **sehr leicht blühend** ✿

Blüte: 4–6 cm groß mit attraktiver Zeichnung, vier bis fünf Blüten pro Rispe, mehrere Rispen; Blühdauer: zwei Monate
Standort: warm und hell
Pflege: meist in Topfkultur, aber auch Blockkultur gut möglich; Rispen nicht abschneiden, sie treiben an der alten Rispe wieder aus; etwas anfällig für Schild- und Wollläuse
Sonstiges: kleinwüchsig, zierliche Blätter. Kleinblütige Phalaenopsen sind besonders attraktiv. Sie bilden bis zu 20 oder mehr Blüten.

Phalaenopsis Taipei Gold

Höhe: 50–80 cm
Blütezeit: ganzjährig
großblütige *Phalaenopsis*

➤ **blühfreudig und haltbar** ✿

Blüte: sehr fest, wachsartig, 6–8 cm groß, rund, meist sechs bis acht an einer Rispe, gleichmäßiger Rispenaufbau, oft mehrere Rispen zur gleichen Zeit; Blühdauer: drei Monate
Standort: ganzjährig hell und warm
Pflege: bevorzugt Topfkultur, aber auch Blockkultur möglich; mag ab und zu ein Tauchbad; verblühte Rispe abschneiden
Sonstiges: gehört zu den am leichtesten zu pflegenden *Phalaenopsis*-Hybriden; Blätter groß, breit und dunkelgrün

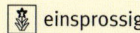

Paphio-pedilum

Sie gelten bei Liebhabern immer noch als die Königsklasse der Orchideen, und auch Anfänger unter den Orchideenfreunden können sich dem Reiz dieser eigenwilligen Gattung nicht entziehen. Durch ihre zu dem prägnanten Schuh umgeformte Lippe sind sie gut zu erkennen: Er dient als eine Art Fliegenfalle, in die nach Nektar suchende Insekten hineinfallen und aus der sie nur auf einem vorgegebenen Weg wieder herausfinden. Der Weg führt die Insekten erst eng an der Narbe und dann am Pollen vorbei – auf diese Art und Weise tragen sie den Pollen von einer Blüte zur nächsten und bestäuben diese, ohne eine Selbstbestäubung vorzunehmen. Frauenschuh-Orchideen gibt es auf der ganzen Welt. In Asien beheimatete Arten heißen *Paphiopedilum*, die südamerikanische Variante trägt den Namen *Phragmipedium*, der Afrikanische Frauenschuh wird *Selenipe-*

dium genannt und den auf der nördlichen Halbkugel vorkommenden Typ nennt man *Cypripedium*. Alle sind terrestrisch, d. h., sie wurzeln in der Erde, sind also keine Aufsitzerpflanzen. Aus diesem Grund haben sie auch keine Luftwurzeln, sondern Wurzeln mit sehr feinen Wurzelhaaren, um das Wasser aus dem Boden besser aufnehmen zu können. Sie brauchen ein etwas feineres Substrat, da die Wurzelhaare sonst leicht austrocknen. Achten Sie auch bei diesen Orchideen darauf, dass das Substrat zwischen den Wassergaben abtrocknet, aber nicht völlig austrocknet. Sollten Sie *Paphiopedilum*-Orchideen nicht regelmäßig umtopfen, so ist es notwendig, das Substrat jährlich mit kohlensaurem Kalk zu bestreuen und dann zu gießen, um den pH-Wert zu erhöhen. Frauenschuh-Orchideen benötigen zwar eine Ruhephase, aber keine Trockenzeit, d. h., man muss sie auch in dieser Phase regelmäßig gießen. Grundsätzlich gedeihen sie besser, wenn sie keinen hohen Temperaturschwankungen ausgesetzt sind.

Paphiopedilum Actaeus

Höhe: 20–30 cm
Blütezeit: Dez. bis Febr.
Kalthaus-Frauenschuh-Typ

  ✿✿

➤ **wüchsig und robust** ✿

Blüte: bildet mehrere Triebe und wirkt deshalb sehr buschig; pro Trieb jeweils nur eine 10–14 cm große Blüte; Blühdauer: zwei Monate
Standort: kühl, eher schattig
Pflege: Topfkultur, braucht großen Topf, gute Drainage wichtig; mag es auch im Sommer kühl und sollte dann im Garten stehen; Ruhephase direkt vor der Blüte, muss in der Ruhephase gegossen werden, aber weniger als sonst
Sonstiges: lange, dünne, ledrige Blätter; bewährte Züchtung

✿ pflegeleicht 🌡 kühl 🌡 temperiert 🌡 warm

Paphiopedilum Ambiente

Höhe: 20–30 cm
Blütezeit: Okt. bis Mai
einblütiger Frauenschuh-Typ

➤ **blüht sicher, wüchsig** ✿

Blüte: meist nur eine elegante Blüte an einem Stiel; zum Schuh geformte braune Lippe, Fahne gestreift; ab und zu einfarbige, fast schwarze Blüten; Blühdauer: zwei bis drei Monate
Standort: temperiert, eher schattig; kann zur Blütezeit auch warm stehen
Pflege: nur in Topfkultur, mögen einen kleinen Topf und regelmäßige Tauchbäder; in der Wachstumsphase (Frühjahr bis Herbst) feuchter halten
Sonstiges: Züchtungen in vielen Farben

Paphiopedilum Berenice

Höhe: 40–80 cm
Blütezeit: März bis Mai
mehrblütiger Frauenschuh-Typ

➤ **elegant, wächst langsam**

Blüte: bis fünf pro Stiel, Einzelblüte ca. 15 cm groß, gedrehte, dunkelviolette Petalen; Blühdauer: zwei bis drei Monate
Standort: temperiert bis warm, eher schattig
Pflege: nur in Topfkultur; Rispe erst abschneiden, wenn die letzte Blüte verblüht ist; mag Tauchbäder, gleichmäßig feucht halten
Sonstiges: benötigen vom Samen bis zur Blüte bis zu zehn Jahre und sind relativ teuer. Mittlerweile gibt es attraktive, erschwingliche Züchtungen.

Paphiopedilum Blendia

Höhe: 30–40 cm
Blütezeit: Okt. bis Mai
großblütiger Frauenschuh-Typ

➤ **attraktiv und großblütig** ✿

Blüte: 15–20 cm große, fast unnatürlich schöne Blüten mit gepunkteter Fahne, immer einblütig, meist ein bis zwei blühende Triebe; Blühdauer: drei Monate
Standort: temperiert, eher schattig
Pflege: Topfkultur, gleichmäßig feucht halten; kann im Sommer im Garten stehen; darf auch warm stehen, kommt ohne Ruhezeit aus
Sonstiges: groß; breites, festes Laub. Sie ist auch unter dem Namen »Kohlkopf« bekannt.

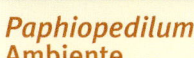

Cattleya-Gruppe

Dank ihrer typischen Blüten-form sind sie der Inbegriff der Orchideen. Die *Cattleya*-Gruppe ist eine der umfang-reichsten Gattungs-Gruppen. Außerdem ist es gelungen, bis zu sieben Gattungen in einer Kreuzung zu vereinen, und so gibt es eine sehr große Zahl von Mehrgattungshy-briden. Zu den wichtigsten Kreuzungspartnern gehören *Brassavola, Broughtonia, Encyclia, Epidendrum, Laelia* und *Sophronitis*. Daraus er-geben sich Gattungshybriden wie *Brassolaeliocattleya, Epicattleya, Hawkinsara, Laeliocattleya, Potinara, Sophrolaeliocattleya* und viele andere. Ziel der Zucht waren große Blüten. Zu Beginn des 19. Jh. kauften und sammelten vor allem die Besitzer englischer Adelshäuser Orchideen. Sie hatten mehr als genug Raum für ihre Pflanzen, und so spielte es keine Rolle, wenn riesige Pflanzen mit bis zu 30 cm großen Blüten ent-standen. In den letzten 30 bis 40 Jahren achtet man bei der Zucht jedoch verstärkt da-rauf, dass die Orchideen auf jeder Fensterbank Platz finden und einfach zu pflegen sind. Die Orchideen der *Cattleya*-Gruppe sind alle Aufsitzer-pflanzen mit festem Laub und Bulben in ganz verschiedenen Formen. Ihre Herkunft ist Südamerika. Im Topf wach-sen sie genauso gut wie auf-gebunden, sie vertragen mehr Licht als die meisten anderen Orchideen, mögen aber keine direkte Mittagssonne. Das Substrat sollte relativ luftig sein, deshalb sollte man zu einem Standardsubstrat noch etwas Rinde oder ein anderes grobkörniges Mate-rial mischen. Wichtig ist bei allen Sorten, dass Sie die Pflanzen regelmäßig auf Woll- und Schildläuse kon-trollieren, die sich gern unter den toten Hüllblättern der Pseudobulben verstecken. Da sie ohne Blüten nicht sehr at-traktiv sind, kann man sie im Sommer im Garten an einen schattigen Platz hängen. Die überhängenden Bulben bin-det man am besten mit einem Nylonstrumpf zusammen, so dass die Pflanze nicht zu sperrig ist.

Brassolaeliocattleya Emi Hoshino x Laelia dayana

Höhe: 40–60 cm
Blütezeit: März bis Mai
großblütige Cattleya

➤ **große Blüten** ✿

Blüte: pro Trieb ein bis drei Blüten mit 15–20 cm Durch-messer, Blütenblätter gefranst, Lippe dunkler als die übrigen Blütenblätter, duftend; Blüh-dauer: vier bis sechs Wochen
Standort: temperiert und hell
Pflege: Topfkultur, wegen der Größe für Blockkultur nicht ge-eignet; im Winter trocken hal-ten, im Frühjahr mehr gießen, mag Tauchbäder; kann im Som-mer im Freien stehen; lässt sich gut teilen, beim Umtopfen Alt-trieb an den Topfrand setzen
Sonstiges: ausladender Wuchs

✿ pflegeleicht 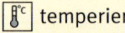 kühl temperiert warm

Cattleya intermedia
Typ Orlata

Höhe: 40–50 cm
Blütezeit: Febr. bis Mai
Cattleya-Naturform

➤ **kräftig gefärbt** ✿

Blüte: runde Blüten mit großer, gefranster und kräftig violett-rot gefärbter Lippe, viele Triebe; Blühdauer: vier bis sechs Wochen
Standort: temperiert und hell
Pflege: Topfkultur, Blockkultur wegen der Größe kaum möglich, im Winter relativ trocken halten, im Frühjahr wieder mehr gießen, kann im Sommer im Garten stehen; große Pflanzen lassen sich gut teilen. Beim Kauf nach der Ruhephase fragen.
Sonstiges: wüchsig. Sie ist ein guter Blüher.

Laeliocattleya
Ronja

Höhe: 40–60 cm
Blütezeit: Febr. bis Mai
laelienartige Cattleya

➤ **reich blühend** ✿

Blüte: Blütenblätter braun-glänzend, Lippe rot, Schlund gelb, sechs bis zehn Blüten am Ende der Rispe, mehrere blühende Triebe; Blühdauer: vier bis sechs Wochen
Standort: temperiert und hell
Pflege: Topfkultur, zum Aufbinden wegen der Größe nicht geeignet; kann im Sommer gut im Freien stehen; im Winter relativ trocken halten, im Frühjahr mit zunehmendem Licht wieder mehr gießen
Sonstiges: sehr aufrechter, hoher Wuchs, bis 60 cm

Potinaria
Philipp Ossa

Höhe: 20–30 cm
Blütezeit: Okt. bis Mai
Mini-Cattleya

➤ **klein und reichblütig** ✿

Blüte: zwei bis drei 3–5 cm große Blüten pro Trieb, Blühdauer: sechs bis acht Wochen
Standort: temperiert und hell
Pflege: Topfkultur, Blockkultur gut möglich; im Winter relativ trocken halten, weil sie in dieser Zeit keine Wurzeln bildet und wenig Wasser braucht, im Frühjahr wieder mehr gießen
Sonstiges: kleinwüchsige und kompakte Pflanzen, lange, schlanke, eng aneinander sitzende Bulben. Ziel der Züchter sind Pflanzen, die zwei- bis mehrmals im Jahr blühen.

Odontoglossum-Gruppe

In dieser Gruppe sind all die Gattungen miteinander vereint, die sich mit *Odontoglossum* kreuzen lassen. Sie alle haben bestimmte Gemeinsamkeiten:

➤ Ihre Heimat ist Südamerika.

➤ Sie wachsen sympodial und haben meistens Bulben und dünne Blätter.

➤ Sie bilden viele, relativ dünne Wurzeln.

➤ Sie brauchen einen kühlen oder temperierten Standort mit einer deutlichen Nachtabsenkung.

➤ Stehen sie zu warm, bilden sie Ziehharmonikablätter sowie viele unausgereifte Triebe.

➤ Im Sommer können sie relativ feucht stehen, dafür muss man sie im Winter umso trockener halten.

Die reinen Arten sind bei uns nicht leicht zu kultivieren, aber es gibt alle möglichen Kreuzungen, die für die Fensterbank ideal sind und rund ums Jahr, meistens jedoch einmal im Frühjahr oder Herbst blühen. Ihre Blüten sind zart punktiert, wunderschön getupft oder tragen Ornamente als Zeichnung. Orchideen dieser Gruppe brauchen eine Ruhephase. Stellen Sie sie deshalb nach der Blüte ab Mitte Mai in den Garten, am besten in den Schatten eines Baums. Doch vergessen Sie bitte nicht zu gießen bzw. sie während einer Regenperiode ins Haus zu holen. Der Balkon ist meistens ungeeignet, da er normalerweise an der Südseite liegt und es für die Pflanzen durch die direkte Sonneneinstrahlung viel zu heiß und zu trocken wird. Wenn Sie die Pflanzen im Herbst wieder in die Wohnung holen, kontrollieren Sie sie unbedingt auf Insekten, die sich gern in den Töpfen verstecken.

Sollten Sie keinen Garten besitzen, stellen Sie die Pflanzen – egal, ob sie im Frühjahr oder Herbst geblüht haben – von November bis Januar in ein kühleres Zimmer. Sie eignen sich auch für einen Wintergarten, wenn die Nachttemperaturen dort nicht unter 10 °C absinken und die Temperaturen am Tag nicht über 30 °C ansteigen.

Burrageara Nelly Isler

Höhe: 30–50 cm
Blütezeit: ganzjährig möglich
Cambria-Orchidee

➤ **farbintensiv** ✿

Blüte: dunkelrote, 8–10 cm große Blüten mit extrem großer Lippe, ein bis zwei Rispen mit je sechs bis zehn Blüten; Blühdauer: sechs bis acht Wochen
Standort: kühl bis temperiert, hell
Pflege: Topfkultur, für Blockkultur zu groß, gut zu teilen, im Sommer gern im Freien
Sonstiges: Ähnlich zu pflegen sind andere aus *Odontoglossum* entstandene Hybriden, z. B. *Wilsonara*, *Odontocidium*, *Odontioda* oder *Beallara*.

✿ pflegeleicht   🌡 kühl   🌡 temperiert   🌡 warm

Miltonia Augres

Höhe: 30–50 cm
Blütezeit: ganzjährig möglich
Stiefmütterchenorchidee

➤ **reich blühend** ✿

Blüte: pro Trieb vier bis sechs 10–15 cm große, schön gezeichnete Blüten in kräftigen Rosa- oder Rottönen mit einem herrlich dunkelroten Auge, häufig mehrere Rispen; Blühdauer: sechs bis acht Wochen
Standort: kühl bis temperiert, eher schattig
Pflege: Topfkultur, zum Aufbinden nicht geeignet; lässt sich sehr gut teilen; steht im Sommer gern im Freien
Sonstiges: grau-grüne Blätter, sehr schöne Proportionen, nicht zu hoch und nicht zu breit

Odontioda Lavender Lace x Aviewood

Höhe: 50–70 cm
Blütezeit: Okt. bis Mai
Odontoglossum-Gruppe

➤ **farbenfroh, großblütig** ✿

Blüte: rund, 6–8 cm groß, gleichmäßig an einer aufrechter Rispe, pro Rispe sechs bis acht Blüten, duften leicht; Blühdauer: sechs bis acht Wochen
Standort: kühl bis temperiert, hell
Pflege: Topfkultur, für Blockkultur zu groß; Rispe nach der Blüte abschneiden; können im Sommer draußen stehen, vertragen aber keine Sommer mit heißen Nächten (müssen sich danach erholen)
Sonstiges: runde, kräftige Bulben, lange, schmale Blätter

Oncidium Aloha Iwanaga

Höhe: 40–60 cm
Blütezeit: Febr. bis Mai
Oncidium-Typ

➤ **vielblütig und verzweigt** ✿

Blüte: 3–5 cm groß, kräftig gelbe Lippe, übrige Blütenblätter bräunlich und rot gezeichnet, duften leicht; Blühdauer: sechs bis acht Wochen
Standort: kühl bis temperiert, hell
Pflege: Gut für Blockkultur, auch Topfkultur, dann regelmäßig umtopfen und teilen. Überalterte Pflanzen lassen sich schwer umtopfen, da sie viele Luftwurzeln bilden, die sich nicht mehr in Bodenwurzeln umbilden. Ruhephase mit Nachtabsenkung einhalten!

Dendrobium

Es ist die Gattung mit den meisten Arten: Weit über 1600 verschiedene Orchideen gehören zur Gattung *Dendrobium*, die immer mehr für unsere Fensterbänke gezüchtet wurden und immer einfacher zu pflegen sind. Viele Sorten sind aber auch optimal für den Wintergarten geeignet, da sie hohe Temperaturunterschiede vertragen und im Winter niedrige Nachttemperaturen aushalten, solange sie tagsüber häufig warm bei ca. 18–20 °C stehen.

Alle Arten stammen aus Asien. Ihre Heimat reicht von Thailand, Indonesien über Papua-Neuguinea bis hin nach Australien. Entsprechend unterschiedlich ist ihr Aussehen. Typisch für ihre Blüten ist eine nach hinten zeigende Ausstülpung, der so genannte Sporn. Sie tragen doldenartige hängende Rispen, sehr farbintensive Blüten mit fast schwarzem Schlund oder aufrechte Rispen mit großen runden oder mit gedrehten, aufrechten Blüten. Auch die Pflanzengröße ist sehr variabel: Sie reicht von wenigen Millimetern bis zu Pflanzen mit 2 m hohen Bulben.

Die Orchideen dieser Gruppe haben sehr unterschiedliche Pflegebedürfnisse: Manche brauchen eine ausgeprägte Ruhe- und Trockenphase und werfen in dieser Zeit sogar das Laub ab, andere brauchen keine Ruhezeit. Lassen Sie sich deshalb beim Kauf einer Dendrobie beraten. Leider sind diese Pflanzen relativ anfällig für die Rote Spinne. Doch wenn Sie regelmäßig sprühen und für eine hohe Luftfeuchtigkeit sorgen, können Sie sehr gut vorbeugen. Topfen Sie Dendrobien nie in zu große Töpfe, sondern in relativ kleine. Sie müssen dann aber deutlich öfter gießen, da die Pflanzen das Wasser schnell verbrauchen. Damit die meist hohen Dendrobien in dem kleinen Topf nicht umkippen, sollten Sie den Topfboden mit einigen Kieselsteinen beschweren. Sie dienen gleichzeit als Drainage. Dendrobien und *Dendrobium-phalaenopsis*-Hybriden werden gern als Schnittorchideen verwendet.

Dendrobium
Jaquelyn Concert

Höhe: 50–70 cm
Blütezeit: ganzjährig möglich
*Dendrobium-phalaenopsis-*Hybride

➤ **hoch und aufrecht**

Blüte: 5–7 cm groß, blau, je sechs bis zehn Blüten pro Rispe; Blühdauer: zwei bis drei Monate
Standort: warm und hell
Pflege: Topfkultur; die Rispen müssen nach der Blüte abgeschnitten werden. Beim Umtopfen schwere Kieselsteine als Drainage nehmen, damit die hohe Pflanze nicht umkippt.
Sonstiges: braucht viel Luftfeuchtigkeit, viel Sprühen gegen Rote Spinne; bemerkenswerte Farbkombinationen

✿ pflegeleicht   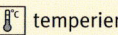 kühl   temperiert   warm

Dendrobium kingianum

Höhe: 20–40 cm
Blütezeit: Jan. bis April
Australien-Typ

➤ **robust und vielblütig** ✿

Blüte: viele kleine Blüten an einer endständigen Rispe, bildet mehrere Rispen auch an alten Trieben
Standort: kühl, hell bis sonnig
Pflege: Topfkultur, Aufbinden möglich; bildet viele Kindel, auch durch Teilung gut zu vermehren; kann im Sommer im Garten stehen, braucht das ganze Jahr über kühle Nächte, von November bis Dezember unbedingt in einen kühleren Raum stellen, in dieser Zeit nicht gießen.
Sonstiges: sehr wüchsig, ein sicherer Blüher

Dendrobium lawesii

Höhe: 20–40 cm
Blütezeit: ganzjährig möglich
Dendrobium-Naturform

➤ **Blüten und Wuchs bizarr**

Blüte: knallrote bis karmesinrote Blütendolden, sitzen fast ungestielt an den zweijährigen, meist blattlosen Bulben, ein bis zwei Dolden pro Trieb; Blühdauer: zwei bis drei Monate
Standort: temperiert und hell
Pflege: Topfkultur, lässt sich auch sehr gut in Blockkultur oder im Ampeltopf halten, dann sollte man die Bulben aber hängen lassen und nicht festbinden
Sonstiges: sehr schlanke, lange Triebe; Naturformen mit Blüten in vielen verschiedenen Formen und Farben

Dendrobium São Paulo

Höhe: 40–60 cm
Blütezeit: Dez. bis Mai
Dendrobium-nobile-Hybride

➤ **außergewöhnlicher Wuchs**

Blüte: viele kurze Rispen mit je zwei bis drei Blüten, sitzen direkt an den beblätterten Bulben; Blüten mit dunklem Schlund, violettrot umrahmt; Blühdauer: zwei bis drei Monate
Standort: warm und hell
Pflege: Topfkultur, Blockkultur möglich; kann nachts kühl stehen, wenn der Platz tagsüber warm ist, braucht unbedingt Ruhephase von November bis Januar, muss dann kühl und trocken stehen; bildet gern Kindel; Verblühtes an der Bulbe abschneiden, Bulbe stehen lassen

✿ Ruhezeit ▮ einsprossig ▥ mehrsprossig

Weitere Orchideen

Aerangis und Verwandte

Kleinwüchsige Pflanzen mit vielen, meist weißen Blüten und langem Sporn. Herkunft: Afrika.

Art/Sorte	Kurzinfo	Blütezeit	Blütengröße/ Blütenfarbe	Pflanzengröße/ Rispenhöhe	Besonderheiten
Aerangis biloba		April–Okt.	3–4 cm, reinweiß, sternförmig, vielblütig	10–15 cm/ 20–30 cm, hängend	kurzer Sporn (5 cm); duftet nachts
Aerangis kirkii		Febr.–Mai	4–5 cm, reinweiß, sternförmig	8–10 cm/ 15–20 cm, hängend	relativ große Blüte, kurzer Sporn hängend
Aerangis modesta		April–Aug.	2–3 cm, reinweiß, sternförmig, vielblütig	10–15 cm/ 20–40 cm, hängend	langer Sporn (10 cm); duftet nachts
Aerangis rhodosticta		Aug.–Mai	2–3 cm, reinweiß	5–8 cm/ 7–25 cm, hängend	auffällig durch die orangerote Säule in der Mitte der Blüte
Mystacidium capense		April–Aug.	1,5–2 cm, rein- weiß, sternförmig	4–10 cm/ 10–15 cm, hängend	kleine Pflanze mit vielen Blüten

Angraecum

Meistens weiße, wachsartige Blüten mit langem Sporn. Herkunft: tropisches Afrika.

Art/Sorte	Kurzinfo	Blütezeit	Blütengröße/ Blütenfarbe	Pflanzengröße/ Rispenhöhe	Besonderheiten
Angraecum didierii		Jan.–Mai	4–6 cm, weiß	10–20 cm/ 8–10 cm	sehr große Blüte; für Block- kultur geeignet
Angraecum eichlerianum		April–Aug.	8–12 cm, weiß mit grünem Schlund	bis 100 cm/ 10–15 cm	extrem große Lippe, viel sprühen
Angraecum germinyanum		Febr.–Mai	4–6 cm, grünlich- weiß	20–30 cm/ 5–10 cm	kletternder Wuchs, lange, ver- drehte Blütenblätter; oft sprühen
Angraecum magdaleneae		April–Sept.	10–13 cm, weiß	15–30 cm/ 5–8 cm	wächst langsam
Angraecum scottianum		Mai–Nov.	4–6 cm, weiß	20–40 cm/ 5–10 cm	kletternder Wuchs, viel sprühen; Sporn 10 cm lang
Angraecum sesquipedale		Jan.–Mai	15–25 cm, beige bis weiß	40–80 cm/ 20–60 cm	bis zu 40 cm langer Sporn
Angraecum Veitchii		Jan.–Mai	10–14 cm, beige-weiß	30–60 cm/ 20–40 cm	viele Blüten an einer seitlichen Rispe

Ascocentrum, Vanda und Verwandte

Bekannt und beliebt durch ihre blaue Blütenfarbe. Viele sehr attraktive Sorten.

Art/Sorte	Kurzinfo	Blütezeit	Blütengröße/ Blütenfarbe	Pflanzengröße/ Rispenhöhe	Besonderheiten
Ascocenda Princess Mikasa		Jan.–Dez.	4–6 cm, blaue Blüten mit dunkelblauer Lippe	30–50 cm/ 10–15 cm	kleinwüchsig, blüht mehrmals im Jahr; Korbkultur
Ascocenda Sennezauber		März–Juli	3–4 cm, gelb mit braunen Tupfen, Lippe blau	20–40 cm/ 20–30 cm	leicht blühend, bleibt relativ klein, vielblütig
Ascocenda Yip Sum Wah		Jan.–Dez.	3–5 cm, orangerot mit dunkelroten Punkten	30–50 cm/ 10–20 cm	kleinwüchsig, blüht mehrmals im Jahr; Korbkultur
Ascocentrum miniatum		Mai–Aug.	1–2 cm, hellorange bis zinnoberrot	15–30 cm/ 5–15 cm	Blütenbüschel; Korbkultur
Ascofinetia Cherry Blossom		März–Juli	1–2 cm, rosa bis violett vielblütig	10–20 cm/ 5–10 cm	sicher blühend, klein, leicht zu pflegen
Neofinetia falcata		April–Aug.	1 cm, weiß	15–20 cm/ 5–10 cm	Nationalblume Japans; bleibt klein
Renanthera monachica		Nov.–April	3–5 cm orange mit roten Punkten	30–90 cm/ 15–40 cm	Topfkultur nur mit viel Drainage, besser in Korbkultur
Vanda Kasem's Delight		Jan.–Dez.	10–15 cm, lilablau mit dunkelblauer Lippe	60–120 cm/ 30–40 cm	äußerst attraktive Blüten, sieben bis zwölf an einer Rispe

Brassia und Verwandte

Wegen ihrer lang auslaufenden Blütenblätter auch »Spinnenorchideen« genannt. Ein Gartenaufenthalt im Sommer tut ihnen gut.

Art/Sorte	Kurzinfo	Blütezeit	Blütengröße/ Blütenfarbe	Pflanzengröße/ Rispenhöhe	Besonderheiten
Brassia Rex		April–Okt.	bis 30 x 5 cm, gelbgrün mit braunen Punkten	40–60 cm/ 50–70 cm	auch gut warm zu pflegen, Ruhezeit nicht unbedingt nötig
Brassia verrucosa		April–Juni	bis 25 x 5 cm, grüngelb mit braunen Punkten	40–60 cm/ 50–70 cm	auch gut warm zu pflegen, Ruhezeit nicht unbedingt nötig
Degarmoara Flying High		Dez.–Mai	14 x 5 cm, gelb, braune Punkte, Lippe breit	30–50 cm/ 40–60 cm	wüchsig, blühfreudig, häufiger Kreuzungspartner
Degarmoara Spider's Feast		Okt.–Mai	10–15 cm, gelblich, helle Lippe, braun gefleckt	50–70 cm/ 60–100 cm	große Blüten, Ruhezeit nicht unbedingt nötig
Miltassia Mourier's Bay		Okt.–Mai	20 x 6 cm, rötlich, weiß abgesetzte Punkte	30–50 cm/ 30–60 cm	großflächigere Blüte, »spinnenartig«
Odontobrassia Gordon Dillon		Okt.–Mai	5–12 cm, viele Farben spitze Blütenblätter	20–50 m/ 30–100 cm	Wüchsigkeit von *Brassia* Farbigkeit von *Odontoglossum*

Coelogyne

Heute nicht mehr so häufig. Die Pflanzen hängen im Sommer gern im Garten. Sie blühen aus dem unausgebildeten Neutrieb.

Art/Sorte	Kurzinfo	Blütezeit	Blütengröße/ Blütenfarbe	Pflanzengröße/ Rispenhöhe	Besonderheiten
Coelogyne cristata		Jan.–März	8–10 cm, weiß, gelbe Lippe, hängende Rispe	20–40 cm/ 15–30 cm	von Nov. bis Dez. kühl und trocken halten (10–12 °C); wüchsig
Coelogyne Fritz Henkel		Jan.–April	10–16 cm, weiß, teils Lippe gelb, braune Adern	40–50 cm/ 40–60 cm	Revolverblüher: wenn eine Blüte verblüht, geht die nächste auf
Coelogyne mooreana		Jan.–April	10–14 cm, weiß, gelbe Lippe, aufrechte Rispe	40–50 cm/ 30–60 cm	sehr imposante Blüte; leider nicht sehr wüchsig
Coelogyne ochracea		April–Juni	2–4 cm vielblütig, weiß bis cremegelb	20–30 cm/ 10–20 cm	sehr gut für die Fensterbank geeignet; hängende Rispen
Coelogyne speciosa		Juli–Okt.	12–16 cm, lachsfarbig, Lippe weiß, Adern braun	40–60 cm/ 30–50 cm	Revolverblüher; Rispe nicht abschneiden, blüht erneut

Epidendrum

Die Gattung wird mittlerweile in *Encyclia* (mit Bulben) und *Epidendrum* (kletternder Wuchs) und einige andere Gattungen aufgespalten.

Art/Sorte	Kurzinfo	Blütezeit	Blütengröße/ Blütenfarbe	Pflanzengröße/ Rispenhöhe	Besonderheiten
Encyclia cochleata		Febr.–Juni	6–8 cm, grün mit fast schwarzer Lippe	20–50 cm/ 10–30 cm	wüchsig, Lippe zeigt nach oben, blüht lange nach
Encyclia lancifolium		März–Aug.	4–5 cm, grün, schwarz geaderte Lippe	20–40 cm/ 10–20 cm	wüchsig; Lippe zeigt nach oben, blüht lange nach
Encyclia mariae		März–Juli	bis 12 x 5 cm, grün, Lippe groß, weiß, gefranst	15–25 cm/ 5–10 cm	Blüte endständig
Encyclia vitellina		Aug.–Mai	3–5 cm, leuchtend orange	20–25 cm/ 15–20 cm	hellgrünes, silbrig glänzendes Laub; auf Rote Spinne achten
Epidendrum Joseph Lii		März–Okt.	2–3 cm, rote Blütendolde	30–60 cm/ 20–40 cm	sehr wüchsig; blüht endständig, blüht lange nach
Epidendrum pseudo-wallisii		April–Juli	3–4 cm, gelb, Lippe beige, blau gepunktet	40–70 cm/ 4–6 cm	Blüten endständig; benötigt salzarmes Regenwasser
Epiphronitis Veitchii		Jan.–Dez.	2 cm, rote Blütendolde	10–20 cm/ 4–6 cm	sehr wüchsig; blüht endständig, blüht lange nach
Nanodes porpax		Okt.–März	2–3 cm, grün, strahlend braune Lippe	2–3 cm/ –	polsterbildend, sehr klein, viele Blüten, eng ansitzend
Oerstediella centradenia		Jan.–Mai	2–4 cm, lila Blütendolde	5–25 cm/ 3–6 cm	viel sprühen; sehr wüchsig; blüht endständig

Lycasten und Verwandte

Untypische Blüten, Bulben mit großen zarten Blättern, die oft zur Blütezeit abgeworfen werden. Mehrere Blüten pro Bulbe möglich.

Art/Sorte	Kurzinfo	Blütezeit	Blütengröße/ Blütenfarbe	Pflanzengröße/ Rispenhöhe	Besonderheiten
Anguloa clowesii		April–Juni	8–10 cm, Blüten knallgelb, glockenförmig	50–80 cm/ 20–30 cm	sehr schöne Farbe, im Sommer im Garten halten
Lycaste aromatica		Mai–Juni	4–6 cm vielblütig, kräftig gelb	30–40 cm/ 5–10 cm	sehr wüchsig, gut für den Wintergarten
Lycaste skinneri		April–Juli	10–14 cm, rosarot oder reinweiß	50–80 cm/ 10–20 cm	Ruhephase nicht unbedingt notwendig
Lycaste **Wyld Court**		April–Juli	10–15 cm, rotbraun mit weiß, Lippe gezeichnet	50–80 cm/ 10–20 cm	wunderschöne Hybride, Ruhephase nicht unbedingt nötig

Masdevallia

Sie sind an ihren zu langen Fäden auslaufenden Blütenblättern zu erkennen.

Art/Sorte	Kurzinfo	Blütezeit	Blütengröße/ Blütenfarbe	Pflanzengröße/ Rispenhöhe	Besonderheiten
Masdevallia **Angel Frost**		Dez.–Febr.	3–5 cm, gelb, Schlund orangefarben	8–14 cm/ 12–18 cm	sehr wüchsig, ein sicherer Blüher
Masdevallia coccinea		März–Juni	7 x 3 cm, purpurrot, auch weiß, rosa, gelb	30–40 cm/ 40–50 cm	großblütig, viele Hybriden; im Sommer in den Garten stellen
Masdevallia **Tuakau Candy**		Febr.–Mai	3–5 cm, weiß mit klarer roter Zeichnung	8–14 cm/ 12–18 cm	viele Einzelblüten, sehr attraktiv

Phragmipedium

Südamerikanischer Frauenschuh. Kann viel feuchter stehen als andere Orchideen, teils sogar ständig im Wasser. Er verwelkt nicht, sondern wirft die Blüte vorher ab.

Art/Sorte	Kurzinfo	Blütezeit	Blütengröße/ Blütenfarbe	Pflanzengröße/ Rispenhöhe	Besonderheiten
Phragmipedium besseae		April–Aug.	6–8 cm, zinnoberrot bis orange	10–20 cm/ 30–40 cm	dichtes Substrat, sehr feucht, selten mehrblütig
Phragmipedium **Carol Kanzer**		Febr.–Juni	4–6 cm, rosa	15–20 cm/ 20–25 cm	schilfartiges Laub, vieltriebig, dadurch leicht mehrblütig
Phragmipedium **Eric Young**		Jan.– Juli	6–10 cm, ein- bis dreiblütig, Farbe	30–40 cm/ 40–60 cm	große Pflanze mit sehr attraktiven Blüten, nachblühend
Phragmipedium **Sedenii**		Okt.–April	4–6 cm, hellrosa mit dunkelrosa Schuh	25–35 cm/ 35–45 cm	große Pflanze mit relativ kleinen Blüten, sehr wüchsig

Sonstige

Gattung	Kurzinfo	Blütezeit	Blüten	Wuchs	Besonderheiten
Ansellia		März–Nov.	gelb mit braunen Punkten	langgezogene Bulben, Blätter dünn	wird recht groß, für den Wintergarten sehr schön
Bulbophyllum		Mai–Aug.	ein- bis vielblütig, sehr bizarr	meist klein, auch sehr große Arten	braucht wenig Platz, meist kletternd
✿ *Calanthe*		Jan.–Mai	zarte, farbenfrohe Blütenrispen	blühen oft blattlos aus dicken Bulben	im Winter wenig gießen oder Bulben ohne Erde überwintern
Cirrhaea		März–Okt.	sehr bizarre Blüten an hängenden Stielen	kleine Bulben, große Blätter	sehr interessante Ampelpflanze
Cochlioda		Juli–Nov.	rot	kleinwüchsige *Odontoglossum*	relativ einfache Kultur, auch für Blockkultur geeignet
Comparettia		Juli–März	sehr großlippige, rote oder orange Blüten	kleine Bulben hartes Laub	relativ schwierige Kultur, am besten Blockkultur
✿ *Cymbidium*		Sept.–Mai	große Blütenrispen, auch hängende Rispen	meist groß, auch kleine Sorten	wenn möglich von Mai bis September in den Garten stellen
Dendrochilum		März–Nov.	Blüte unscheinbar, viele Rispen in Blatthöhe	Bulben unscheinbar, je ein Blatt	viele Arten: große, hübsche, kleine, schwer und leicht blühende
Disa		April–Sept.	Blüten groß, untypisch, farbintensiv, pink, rot	Blattrosetten, viele Blätter	Weißtorf, Sphagnum und Sand; kühl halten, nachts 10–12 °C
Eria		Jan.–Dez., je n. Sorte	viele, kleine unscheinbare Blüten	vieltriebige Bulbenpflanzen	braucht viel Licht und Luft, blühen in Etappen auf
Galeandra		Jan.–Dez., je n. Sorte	sehr auffällige, große, trichterförmige Blüte	kompakt, klein schlanke Bulben	Substrat luftig, Korbkultur, viel Licht, im Winter trockener halten
Gomesa		Okt.–Mai	Blüten unscheinbar, aber zahlreich	Bulben flach, zwei bis drei Blätter	im Sommer im Garten halten
Gongora		Jan.–Dez.	sehr bizarre Blüten, hängende Rispen	Bulben gefurcht, Blätter geadert	hängende Rispen, für Korb- oder Ampelkultur geeignet
Ionopsis		Aug.–April	Blüten weiß bis rosa, Blütenstand verzweigt	sehr klein, leicht kletternder Wuchs	für Blockkultur geeignet, sehr gut für Vitrinen
Kefersteinia		Sept.–April	gefranste, relativ kleine Blüten, stark punktiert,	vieltriebig, ohne deutliche Bulben	viel Licht, sehr temperaturtolerant; gut für Wintergarten, Vitrine
Leptotes		Febr.–Mai	offene Blüte, weiß mit lila gefärbter Lippe	klein, vieltriebig, Blätter stielrund	Vitrinen- und Blockkultur, gedeiht mittlerweile auch im Topf
✿ *Ludisia discolor*		Febr.–Mai	Blüten weiß, klein, Lippe gelb an aufrechtem Stiel	Blätter samtig grün Zeichnung gelb	Torf, kein Wasser auf die Blätter bringen, braucht Schatten

Sonstige

Gattung	Kurzinfo	Blütezeit	Blüten	Wuchs	Besonderheiten
Maxillaria		Jan.–Dez., je n. Sorte	teils sehr imposante Blüten meist in Topfrandhöhe	sehr unterschiedlich, v. a. Größe	einfach zu pflegen, beim Kauf nach Kultur fragen
Notylia		Aug.–April	vielblütig, lange, hängende Trauben	klein, Laub teils fächerförmig	für Vitrine und Blockkultur geeignet
✿ *Phaius*		Febr.–Mai	Blüten groß, sternförmig braun, Lippe rot-weiß	Laub palmenartig, groß, wüchsig	wegen Größe nur für Wintergärten oder helles Flurfenster
Pleione		März–Mai	Blüten sehr groß, meist rosa, Lippe weiß, gefranst	Bulben fest, klein Blätter zart	sehr gut für den Garten geeignet wirft im Herbst Blätter ab
Pleurothallis		Jan.–Dez.	Blüten sehr klein, aber sehr schön	Bulben blattstielartig, je ein Blatt	braucht hohe Luftfeuchte, nur für Vitrine oder Gewächshaus
Polystacha		Jan.–Dez., je n. Sorte	meist klein, vielblütig sehr farbkräftige Arten	sehr unterschiedlicher Wuchs	einfache Pflege
Promenaea		Mai–Sept.	sehr große Blüten, teils sehr farbintensiv	kleine Bulben mit zwei Blättern	Blüten in Topfhöhe unter dem Laub, im Winter luftig halten
Restrepia		Dez.–Mai	Blüten klein, aber sehr schön	Bulben blattstielartig, ein Blatt	
Rodriguezia		Jan.–Dez., je n. Sorte	viele Blüten, weiß bis rosa, oft mehrere Rispen	feste Bulben mit hartem Laub	einfach und blühfreudig
✿ *Rossioglossum*		Dez.–April	sehr große Blüten, gelb braune Zeichnung	Bulben kräftig, zwei Blätter	wird auch als Odontoglossum verkauft, Anfängerorchidee
✿ *Sarcochilus*		Aug.–April	weiße Blüten, braune Punkte	Vandeenähnlich, kleiner	wegen Größe und Blüte sehr interessant, wächst sehr langsam
✿ *Sigmatostalix*		Aug.–Nov.	Lippe weiß mit gelbem Punkt, Säule schwarz	klein, vieltriebig Polster bildend	wenig gießen, aber nie ganz austrocknen lassen, wachsen schnell
Sobralia		April–Okt.	große cattleyaartige Blüten, sehr schön	Bulben stielartig, bis 2 m, je ein Blatt	optimal für einen Wintergarten, sehr wüchsig
Stanhopea		Mai–Okt.	Blüte sehr bizarr und groß, blühen nur kurz	Bulben mit je einem Blatt	nur in Korbkultur, da Blüte senkrecht nach unten wächst
Trichopilia		Jan.–Dez.	Blüte sehr groß, Lippe sehr imposant	Bulben flach, ein Blatt	Blüten in Topfrandhöhe, für Ampeltopf oder Korb geeignet
Vanilla		Jan.–Mai	Blüte groß, beige, Lippe weiß, blüht nur kurz	Schlingpflanze, blüht ab 7 m Länge	aus der Frucht gewinnt man Vanillearoma, für Wintergärten
Zygopetalum		Jan.–Dez.	meist große, blaugeaderte Lippe	langes dünnes Laub	gut düngen und gießen; neue, sehr interessante Hybriden

Arbeitskalender

Januar – April: Der Start ins Orchideenjahr

JANUAR

- **Auswählen:** Notieren Sie, an welchem Standort Platz für eine neue Orchidee ist.
- **Kultivieren:** Je nachdem, wann die Ruhephase begonnen hat, können Sie Ihre Orchideen wieder an den gewohnten Platz stellen.
- **Pflegen:** Orchideen nach der Ruhephase nur nach und nach etwas mehr gießen.
- **Pflanzenschutz:** Nicht zu viel gießen, die Pflanzen verbrauchen jetzt wenig Wasser.

FEBRUAR

- **Auswählen:** Informieren Sie sich auf Ausstellungen über die neuesten Züchtungen.
- **Kultivieren:** Mit zunehmender Tageslänge ist das Zusatzlicht nur noch kurze Zeit nötig.
- **Pflegen:** Besorgen Sie ausreichend Orchideensubstrat und genug Töpfe zum Umtopfen
- **Pflanzenschutz:** Pflanzen, die kühle Temperaturen bevorzugen, stellen Sie spätestens jetzt für zwei Monate in die Ruhephase.

Mai – August: Orchideen im Sommerquartier

MAI

- **Auswählen:** Schützen Sie Pflanzen beim Transport im Sommer vor der Hitze, und stellen Sie sie nicht in den Kofferraum.
- **Kultivieren:** Orchideen, die dafür geeignet sind, ab Mitte Mai in ein sonnengeschütztes Gartenquartier stellen.
- **Pflegen:** Letzter Termin zum Umtopfen.
- **Pflanzenschutz:** Organisieren Sie für den Urlaub jemanden, der die Pflege übernimmt.

JUNI

- **Kultivieren:** Sorgen Sie für hohe Luftfeuchtigkeit, und sprühen Sie die Orchideen häufiger.
- **Pflegen:** Sammeln Sie, wenn möglich, Regenwasser zum Gießen auf Vorrat, damit in den heißesten Monaten kein Engpass entsteht. Regenwasser ist für Orchideen am besten verträglich, weil es kalk- und salzarm ist.

September – Dezember: Orchideen im Winter

SEPTEMBER

- **Kultivieren:** Jetzt müssen die Orchideen aus ihrem Sommerquartier im Garten wieder zurück in die Wohnung geholt werden.
- **Pflegen:** In diesem Monat ist die letzte Möglichkeit zum Umtopfen.
- **Pflanzenschutz:** Kontrollieren Sie Pflanzen, die im Garten standen, auf Ungeziefer im Topf, bevor Sie sie ins Haus holen.

OKTOBER

- **Auswählen:** Auch im Herbst gibt es wieder viele Orchideenausstellungen.
- **Kultivieren:** Falls vorhanden, sollten Sie jetzt das Zusatzlicht wieder einschalten.
- **Pflegen:** Gießen Sie deutlich weniger.
- **Pflanzenschutz:** Kontrollieren Sie Ihre Orchideen öfter auf Wollläuse und Schildläuse. Sie treten jetzt häufiger auf.

MÄRZ

- ➤ **Auswählen:** Suchen Sie in Katalogen Orchideen aus, die zu einer Zeit blühen, in der keine Ihrer jetzigen Orchideen blüht.
- ➤ **Kultivieren:** An besonders hellen Tagen müssen Sie schattieren.
- ➤ **Pflanzenschutz:** Kontrollieren Sie Ihre Pflanzen auf Schädlinge.
- ➤ **Vermehren:** Beim Umtopfen können Sie Ihre Orchideen gleich teilen.

APRIL

- ➤ **Kultivieren:** Jetzt ist die optimale Zeit zum Aufbinden und Umtopfen.
- ➤ **Pflegen:** Gießen Sie Ihre Orchideen jetzt deutlich mehr als in den Wintermonaten.
- ➤ **Pflanzenschutz:** Durch die trockene Luft vermehrt sich die Rote Spinne sehr schnell. Sorgen Sie zur Vorbeugung für hohe Luftfeuchtigkeit, und sprühen Sie öfter. Behandeln Sie Ihre Pflanzen bei Befall sofort.

JULI

- ➤ **Kultivieren:** Vergessen Sie nicht, die Orchideen auch in ihrem Sommerquartier im Garten zu gießen. Stellen Sie sie bei längeren Regenzeiten an einen überdachten Platz, damit sie nicht zu nass stehen.
- ➤ **Pflegen:** Topfen Sie Orchideen auf keinen Fall in den heißen Sommermonaten um. Sie vertragen Veränderungen in der heißen Jahreszeit sehr schlecht.

AUGUST

- ➤ **Kultivieren:** Stellen Sie auch *Phalaenopsis*-Orchideen nachts etwas kühler oder lassen Sie das Fenster über Nacht gekippt.
- ➤ **Pflegen:** Schattieren Sie bei zu starker Sonne die Orchideen unbedingt oder stellen Sie die Pflanzen ein wenig vom Fenster weg.
- ➤ **Pflanzenschutz:** Stellen Sie in ganz heißen Jahren *Miltonia, Odontoglossum* und Verwandte unbedingt in einen kühleren Raum.

NOVEMBER

- ➤ **Auswählen:** Im Winter keine stark knospigen Pflanzen kaufen. Sie können sich nicht öffnen.
- ➤ **Kultivieren:** Pflanzen, die eine Ruhephase brauchen, müssen in einen kühl-hellen Raum.
- ➤ **Pflegen:** Gießen Sie nur mit Wasser, das Zimmertemperatur hat.
- ➤ **Pflanzenschutz:** Sorgen Sie für Frischluft. Achten Sie darauf, dass keine Zugluft entsteht.

DEZEMBER

- ➤ **Auswählen:** Wenn Sie jetzt Orchideen kaufen, müssen Sie sie beim Transport vor Kälte schützen und in Zeitungspapier einpacken.
- ➤ **Pflegen:** Pflanzen in der Ruhephase nur wenig gießen.
- ➤ **Pflanzenschutz:** Im Herzen der Pflanzen darf kein Wasser stehen bleiben. Saugen Sie es mit einem Papiertaschentuch heraus.

Die **halbfett** gesetzten
Seitenzahlen verweisen auf
Abbildungen.

Orchideengärtnereien

Giselher Cramer Orchideenzucht,
Zum Steiner 11,
83489 Strub/Berchtesgaden,
Tel. 08652/94 49 03,
Fax 08652/94 49 04,
www.cramer-orchideen.de

Orchideengarten, Joachim Karge,
Bahnhofstr. 24,
21368 Dahlenburg,
Tel. 05851/266,
Fax 05851/264,
orchideengarten-karge@
t-online.de

Orchideen Kopf,
Hindenburgstr. 15,
94469 Deggendorf,
Tel. 0991/37 15 10,
Fax 0991/34 32 23,
www. orchideen-kopf.de

Orchideen Kuhlmann,
Hinsbecker Str. 17a,
47929 Grefrath,
Tel. 02158/80 10 10,
Fax 02158/47 63,
www.orchideen-kuhlmann.de

Orchideen-Kulturbedarf
Manfred Meyer,
Eckenheimer Landstr. 334,
60435 Frankfurt/Main,
Tel. 069/54 65 52,
Fax 069/548 37 98

Gartenbau-GmbH Orchideen-
zentrum,
Zschopauer Str. 277,
09126 Chemnitz,
Tel. 0371/539 37 18,
Fax 0371/539 37 22,
www.orchideenzentrum
chemnitz.de

Röllke Orchideenzucht,
Flößweg 11,
33758 Schloß Holte-Stukenbrock,
Tel. 05207/92 05 39,
Fax 05207/92 05 40,
www.roellke-orchideen.de

Wössner Orchideen,
Hauptstr. 28,
83246 Unterwössen,
Tel. 08641/83 50,
Fax 08641/86 27,
www.woessner-orchideen.de

Informationen/Vereine

Deutsche Orchideen-Gesellschaft
e.V., Zentrale,
Flößweg 11,
33758 Schloß Holte-Stukenbrock,
Tel. 05207/92 06 07,
Fax 05207/92 06 08

Vereinigung deutscher
Orchideenfreunde,
Stefanie Henkel,
Söllingstr. 53/55,
45127 Essen,
Tel. 0201/23 42 85

Österreichische Orchideen-
Gesellschaft, Mitgliederservice,
Erika Tabojer,
Birkengasse 3,
A-2601 Sollenau,
Tel. 02628/472 09

Schweizerische Orchideen-
Gesellschaft, Hans Läubli,
Schiffländestr. 34,
CH-8272 Ermatingen

Literatur

Flehmig, Anja: Zimmerpflanzen
für Einsteiger. Gräfe und Unzer
Verlag, München

Rittershausen, Brian und Wilma:
Das große Kosmos-Buch der
Orchideen. Kosmos-Verlag,
Stuttgart

Röllke, Lutz: Das praktische
Orchideenbuch. Eugen Ulmer
Verlag, Stuttgart

Rysy, Wolfgang: Das BLV Orchi-
deen-Buch. BLV Verlag, München

Bildnachweis

Alle Fotos von Guido Sachse mit
Ausnahme von:
Bornemann: U4 mi., 4/5, 12 re.,
23; Eden/Sänger: 13; Eisenbeiss:
8, 9; Ernst: 32 re.; Redeleit: 10,
12 mi., 14, 16; Reinhard: 17, 32
li.; StockFood/Brauner: 33 re.;
StockFood/Eising: 33 li.; Strauß:
15, 21.

Illustrationen: Heidi Janiček.

**Fotos auf dem Umschlag und im
Innenteil:** Umschlagvorderseite:
Phalaenopsis-Blüten; Umschlag
innen/S. 1: *Dendrobium kingianum*; S. 4/5: Orchidee anbinden;
38/39: *Phalaenopsis* 'Zumas
Pixie'; S. 64: *Zygocalax* Gume-
racha; Umschlagrückseite:
Paphiopedilum-Hybride (li.),
Orchidee eintopfen (mi.), *Beallara* Tahoma Glacier (re.).

Der Autor

Frank Röllke ist Orchideenzüchter und Mitinhaber einer Orchideen-Gärtnerei, die Pflanzen in ganz Europa vertreibt. Sein profundes Fachwissen bringt er als Bewertungsrichter auf internationaler Ebene ein. Auf Orchideen-Ausstellungen im In- und Ausland erhielt sein Betrieb zahlreiche Auszeichnungen.

Der Fotograf

Guido Sachse ist Staatlich geprüfter Techniker für Gartenbau. In seiner Freizeit widmet er sich seit vielen Jahren mit großer Begeisterung der Naturfotografie. Sein besonderes Interesse gilt Landschaften und Pflanzen.

Dank

Verlag, Autor und der Fotograf G. Sachse danken den Mitarbeitern des Berggartens in Hannover für ihre freundliche Unterstützung.

Wichtige Hinweise

➤ Einige der hier beschriebenen Pflanzen sind giftig oder hautreizend. Sie dürfen nicht verzehrt werden.
➤ Bewahren Sie Dünge- und Pflanzenschutzmittel für Kinder und Haustiere unerreichbar auf.
➤ Wenn Sie sich bei der Arbeit verletzen, sollten Sie umgehend einen Arzt aufsuchen. Eventuell ist eine Impfung gegen Tetanus erforderlich.

Impressum

© 2002 Gräfe und Unzer Verlag GmbH, München
Alle Rechte vorbehalten. Nachdruck, auch auszugsweise, sowie Verbreitung durch Film, Funk, Fernsehen und Internet, durch fotomechanische Wiedergabe, Tonträger und Datenverarbeitungssysteme jeder Art nur mit schriftlicher Genehmigung des Verlags.

Redaktion: Angelika Holdau
Lektorat: Barbara Kiesewetter
Umschlaggestaltung und Layout: independent Medien-Design, München
Produktion: Renate Hutt
Satz: Uhl + Massopust, Aalen
Reproduktion: Longo, Bozen
Druck und Bindung: Druckhaus Kaufmann, Lahr
Printed in Germany

ISBN 3-7742-3740-9

Auflage	4	3	2	1
Jahr	2005	2004	2003	2002

GRÄFE
UND
UNZER

Ein Unternehmen der
GANSKE VERLAGSGRUPPE

Das Original mit Garantie

Ihre Meinung ist uns wichtig. Deshalb möchten wir Ihre Kritik, gerne aber auch Ihr Lob erfahren. Um als führender Ratgeberverlag für Sie noch besser zu werden. Darum: Schreiben Sie uns! Wir freuen uns auf Ihre Post und wünschen Ihnen viel Spaß mit Ihrem GU-Ratgeber.

Unsere Garantie: Sollte ein GU-Ratgeber einmal einen Fehler enthalten, schicken Sie uns das Buch mit einem kleinen Hinweis und der Quittung innerhalb von sechs Monaten nach dem Kauf zurück. Wir tauschen Ihnen den GU-Ratgeber gegen einen anderen zum gleichen oder ähnlichen Thema um.

Ihr Gräfe und Unzer Verlag
Redaktion Garten
Postfach 86 03 25
81630 München
Fax 0 89/4 19 81-1 13
e-mail:
leserservice@
graefe-und-unzer.de

GU PFLANZENRATGEBER

Wenig tun, viel genießen.

ISBN 3-7742-5439-7
64 Seiten
7,90 € [D]

ISBN 3-7742-3643-7
64 Seiten
7,90 € [D]

ISBN 3-7742-5440-0
64 Seiten
7,90 € [D]

ISBN 3-7742-5444-3
64 Seiten
7,90 € [D]

ISBN 3-7742-3622-4
64 Seiten
7,90 € [D]

Gärtnern schnell und einfach? Gar kein Problem! Das 5-Stufen-Erfolgsprogramm zeigt Ihnen, wie's geht.

WEITERE TITEL ZUM THEMA PFLANZEN:

➤ Zimmerpflanzen für Einsteiger

➤ Balkon- und Kübelpflanzen für Einsteiger

➤ Gartenspaß für Einsteiger

➤ Feng Shui – Harmonisches Wohnen mit Pflanzen

DIE RICHTIGE WAHL

Überlegen Sie vor dem Kauf einer neuen Orchidee, ob Sie ein **geeignetes Fenster** für diese Pflanze haben. Außerdem brauchen Sie einen **Platz** für die eventuell notwendige Ruhephase. Als Geschenk für einen Anfänger wählen Sie immer eine *Phalaenopsis*: Sie benötigt keine Ruhezeit und blüht sehr lange.

So haben Sie Freude an Ihren Orchideen

AUF HYGIENE ACHTEN

Kontrollieren Sie Ihre Orchideen regelmäßig – auch unter den Blättern sowie in den Blattachseln – auf **tierische Schädlinge**. Vergessen Sie nicht, auch Ihre anderen Zimmerpflanzen auf Schädlinge zu untersuchen, und stellen Sie befallene Pflanzen möglichst sofort an einen isolierten Platz.

SPARSAM GIESSEN

Machen Sie sich Kreuzchen im **Kalender,** wann Sie zuletzt gegossen oder getaucht haben. Kontrollieren Sie vor dem Gießen die **Feuchtigkeit** im Topf mit dem Finger. Bei hoher Luftfeuchtigkeit gießt man weniger. Lieber einmal einen Tag mit dem Gießen warten.

GIESSWASSER

Die Qualität des Gießwassers geht bei Orchideen über alles. Sollten Sie kein **Regenwasser** bekommen können, bereiten Sie statt dessen hartes Leitungswasser auf, indem Sie es durch einen **Wasserfilter** gießen. So wird der Kalk- und Salzgehalt reduziert.